Début d'une série de documents
en couleur

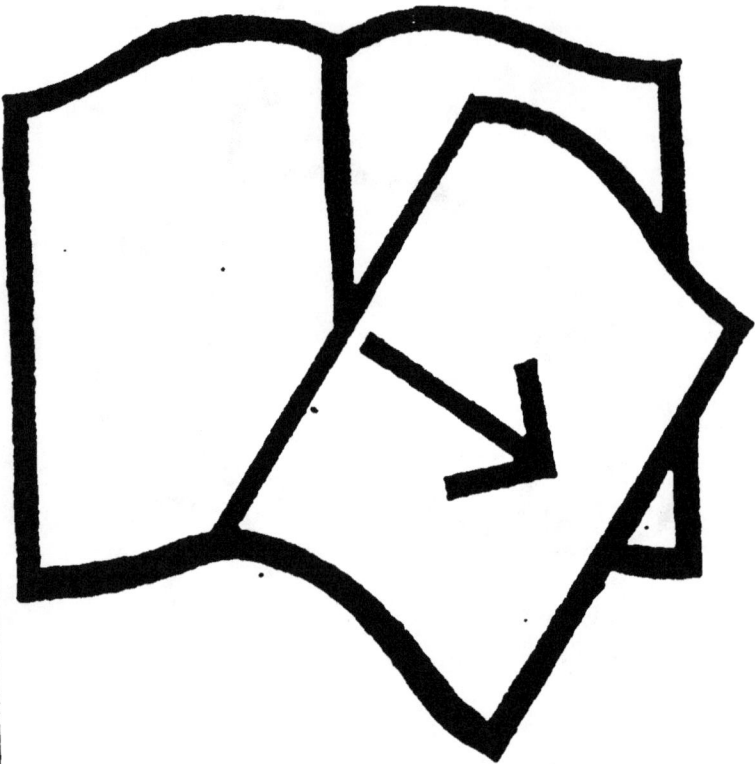

Couverture inférieure manquante

ONFÉRENCE SAINT-THOMAS D'AQUIN

LA

# RENAISSANCE DE L'IDÉALISME

## CONFÉRENCE

### Faite par M. BRUNETIÈRE

DE L'ACADÉMIE FRANÇAISE

AU KURSAAL-CIRQUE DE BESANÇON

*Le Dimanche 2 février 1896*

PARIS

LIBRAIRIE DE FIRMIN-DIDOT ET Cⁱᵉ

IMPRIMEURS DE L'INSTITUT, RUE JACOB, 56

1896

Fin d'une série de documents
en couleur

*1900*

# LA
# RENAISSANCE DE L'IDÉALISME

TYPOGRAPHIE FIRMIN-DIDOT ET Cⁱᵉ. — MESNIL (EURE).

F. Brunetière

# LA
# RENAISSANCE DE L'IDÉALISME

## CONFÉRENCE

### Faite par M. BRUNETIÈRE

DE L'ACADÉMIE FRANÇAISE

## AU KURSAAL-CIRQUE DE BESANÇON

*Le Dimanche, 2 février 1896*

PARIS

LIBRAIRIE DE FIRMIN-DIDOT ET Cᴵᴱ

IMPRIMEURS DE L'INSTITUT, RUE JACOB, 56

1896

# AVANT-PROPOS

---

« Mon cher monsieur Brunetière, il y a plus d'idées là dedans, plus d'émotions, plus d'énigmes terrifiantes qu'il n'y en a dans tous vos auteurs du dix-septième siècle... Donnez-moi six mois, et rien qu'avec les journaux de ce matin, qui représentent un franc d'achat, je vous écrirai le plus étrange et le plus étonnant des livres. » C'est en ces termes, qu'au lendemain même du jour où j'avais prononcé à Besançon la conférence que l'on va lire, je me trouvais interpellé dans *la Libre Parole*; et le livre que « Cælio » m'opposait en ces termes un peu emphatiques

c'était le livre déclamatoire du « patron »
du journal : *De l'or, de la boue et du sang*,
de M. Édouard Drumont.

« L'occasion serait belle de montrer que
dans ce livre, — qui n'est qu'un recueil d'ar-
ticles de *la Libre Parole*, — il n'y a ni tant
« d'idées », ni tant « d'émotions », ni tant
« d'énigmes terrifiantes ». Et après cela,
disait le vieux Caton, je pense qu'il faut dé-
truire Carthage ; et c'était une « idée », si
l'on veut ; mais, si l'on le veut aussi, ce n'en
était pas une ; et c'en était même le contraire,
comme n'étant que l'expression d'une haine
farouche, intransigeante et aveugle. Il n'y a
pareillement qu'une idée dans le livre de
M. Drumont, et pour être une idée fixe, elle
n'en est pas une idée plus juste, ni surtout
une idée plus féconde. Je pourrais également faire voir, qu'en dépit de Cælio, « le
plus étrange » et le « plus étonnant des livres », n'a rien d'étonnant ni d'étrange que

pour ceux qui n'en ont pas lu d'autre, si ce n'est pas d'hier, hélas! que toutes les histoires sont comme éclaboussées de sang, de boue et d'or. Mais c'est autre chose que je veux dire à M. Drumont, et c'est comme si son livre contenait, en effet, tout ce qu'il y croit avoir mis, que je veux lui répondre sur le dix-septième siècle et sur le temps présent.

« Quelques mots y suffiront, si tout ce qu'il y a de « terrifiant », dans les temps où nous sommes, ne l'est qu'à deux conditions : dont la première est que la mort soit le plus grand des maux; et la seconde que la vie n'ait pour objet et pour fin que de jouir. Oui, si la fortune est le plus grand des biens, — et non pas même pour ce qu'elle donne quelquefois de pouvoir, mais uniquement pour ce qu'elle procure de plaisirs, — oui, j'en conviens, il est donc alors « terrifiant » d'être pauvre; les menaces de M. Drumont sont de nature à nous émouvoir ; et il nous faut trembler de voir diminuer nos occasions de jouissance. Pareillement, si la mort est le plus grand des maux, et si le commencement de la sagesse est de ne jamais songer à la fin où nous courons tous, je veux bien en convenir, il est « terrifiant » alors de songer que l'on mourra sans avoir profité de l'existence, et que peut-être en mourant ne laissera-t-on pas seulement de quoi se faire enterrer. Mais M. Drumont m'accordera sans doute, à son tour, qu'il n'y a rien de plus « matérialiste » ou de plus « grossier » que cette façon de concevoir la mort, si ce n'est cette manière d'entendre la vie, et peut-être comprendra-t-il que je persiste à croire qu'il n'y ait pas moins « d'idées » ou « d'émotions » dans les *Pensées* de Pascal par exemple, ou dans les *Sermons* de Bourdaloue que dans la collection tout entière de *la Libre Parole*. J'y ajouterai volontiers celle de *l'Intransigeant*.

« Ce que j'aime en effet du dix-septième siècle, — et de tout un long passé qui l'a lui-même précédé, — si l'on croyait que ce fussent « des chefs-d'œuvre morts et à peu près desséchés » tels que le *Cinna* du grand Corneille par exemple, ou le *Télémaque* de Fénelon, on se tromperait! Je ne fais pas non plus du *Menteur* ou de *l'Avare* plus de cas qu'il n'en faut faire; et, l'avouerai-je ingénument? je crois bien avoir lu les *Contes* de la Fontaine, mais je ne les ai jamais relus. Mais d'un autre côté, si l'on enseignait communément alors que ce n'est pas la mort qu'il nous faut craindre, mais la vie, parce qu'elle est mauvaise, et que les jouissances que l'on croit qui nous en consoleraient ne servent qu'à nous en faire sentir toute la vanité, je ne vois guère de leçon qui soit encore aujourd'hui plus actuelle. On enseignait alors aussi que le principe de toute morale est dans la réformation de soi-même, et d'ailleurs, parce que les hommes sont les hommes, on pouvait vivre à rebours de cet enseignement, « la malice et la bonté du monde — c'est Pascal qui l'a dit, — étant en général la même », mais on n'avait pas inventé de faire de la concurrence économique ou de la lutte pour la vie ou pour l'or le « grand ressort moral »; et j'admire qu'en ce point M. Édouard Drumont se rencontre avec M. Yves Guyot. Il est peut-être assez piquant d'en faire la remarque. Mais qu'y a-t-il de plus « actuel » que de combattre ces idées? et M. Drumont entend-il maintenant l'espèce de secours que je demande à la tradition?

« Mon cher monsieur Drumont, dirai-je donc à mon tour, si vous combattez au nom de la justice et de l'idéal, comme je n'en doute point, contre le matérialisme contemporain, il y a plus d'idées, il y a plus d'émotions que vous n'en avez su trouver dans les auteurs du dix-septième siècle; » et ce n'est point parce qu'ils sont du dix-septième siècle que nous nous en réclamons, ni parce qu'ils appartiennent au passé, mais pour ce que nous voyons de plus « actuel » en eux que dans vos journaux. Les idées que je crois que l'on ne saurait trop répandre, et sans un peu desquelles tous vos remèdes ne réussiront qu'à tuer votre malade, ce sont eux qui en ont fixé dans notre langue l'expression définitive; et je la préfère à celle que j'en pourrais donner. Vous seriez de mon avis, si vous les aviez pratiqués. Et ces idées qui vous semblent « mortes et à peu près desséchées » elles vivront encore, soyez-en sûr, quand il ne sera plus question ni de moi, ni peut-être de vous, ni de *la Libre Parole*, ni du général Boulanger, ni de l'antisémitisme, ni de quoi que ce soit enfin de ce que vos yeux prévenus et votre imagination échauffée trouvent si étonnant, si étrange, et si « terrifiant ».

2

*Brunetière au Kursaal !* telle est l'annonce qui, vers la fin du mois de février 1896, excitait dans toutes les classes de la société bisontine le plus vif sentiment de curiosité. Il n'était dans le public lettré, ou même simplement cultivé, personne qui ne connût l'éminent critique, qui n'eût lu ses ouvrages, qui n'eût recueilli les échos de ses cours et de ses conférences. Pour tous ceux qui avaient quelque notion de littérature, Brunetière était incontestablement l'un des maîtres de la langue et de la pensée française, un de ces hommes qui par la vigueur et l'éclat de leur talent, s'imposent à l'attention des contemporains. Pour les autres, pour ceux qui ne connaissaient en fait de lecture que les journaux, il était encore quelqu'un : l'article fameux où le critique avait fait justice des prétentions trop orgueilleuses d'une certaine science, avait suscité trop de polémiques pour avoir été oublié : même au sein des masses, cette joûte retentissante avait créé à Brunetière des amis reconnaissants et de furieux adversaires.

C'était donc une heureuse inspiration qui avait porté, dès le milieu de l'année dernière, la jeune conférence Saint-Thomas d'Aquin à déléguer vers le maître, son directeur : le Père Dagnaud, et à solliciter pour Besançon, l'honneur d'un de ces discours dont à Dijon, à Angers, à Nantes, le succès avait été si éclatant. M. Brunetière avait fait à la requête qui lui était adressée le plus aimable accueil : il avait donné sa promesse ; il avait pris date. Et l'on avait ce contraste piquant : une réunion de jeunes gens catholiques appelant un orateur indépendant, les représentants officiels ou non des principes de 89 témoignant leur ennui du libéralisme de cet orateur. Assurément des deux camps opposés, le plus intolérant n'était pas celui que l'on aurait pensé.

Le sujet choisi par le conférencier, *la Renaissance de l'idéalisme* était, à vrai dire, propre à réjouir ceux qui l'avaient invité, ces jeunes gens dont le cœur généreux proteste contre les doctrines malsaines du matérialisme, dont la volonté cherche dans une inspiration plus haute la règle

et la conduite de leur vie. D'avance ils applau-
dissaient l'orateur qui venait avec sa connaissance
des choses, avec son jugement si sûr et si éprouvé
leur signaler l'avènement d'une littérature, d'un
art, d'une politique même, plus en accord avec
les idées spiritualistes. Et tout autant que les
jeunes membres de la conférence Saint-Thomas
d'Aquin, les hommes qui suivaient depuis si longtemps la marche toujours audacieuse du naturalisme saluaient comme un signe de délivrance le
titre seul du discours promis : eux aussi s'apprê-
taient à applaudir, et d'instinct donnaient raison
à M. Brunetière.

Disons-le à l'honneur de notre ville, la sympathie eut facilement raison de l'opposition la-
tente de ceux que gênait l'indépendance de l'orateur; les billets d'entrée furent enlevés et ce fut
devant une salle comble, devant un auditoire de
près de trois mille personnes que, le dimanche,
2 février, M. Brunetière commença son discours.
Le président de la conférence Saint-Thomas d'A-
quin, M. Louis Gérardin, siégeait au bureau avec
MM. Montenoise et Glorget : il n'avait pas à pré-
senter M. Brunetière : il sut tout dire en rap-
pelant à l'assemblée que le nom de l'orateur

2.

signifiait à la fois : labeur et patience, lutte et vaillance, victoire et indépendance. Des applaudissements unanimes prouvèrent à la conférence Saint-Thomas d'Aquin et à son président la reconnaissance de l'assemblée pour leur heureuse initiative.

Il serait superflu de signaler une fois de plus l'art incomparable avec lequel M. Brunetière sait tenir son public sous le charme, en lui rendant sensibles toutes les nuances de l'expression, tous les détours d'une pensée subtile et pénétrante, mais toujours d'accord avec la logique et le bon sens. Par ce dernier caractère, tout au moins, le génie de l'orateur s'accordait bien avec l'esprit comtois et dans cette conférence si nourrie de faits et d'idées, ce furent les parties les plus vigoureuses et les plus pleines qui furent les plus chaleureusement accueillies. Avides de conclusions précises, les auditeurs semblaient réclamer pour la cause de l'idéalisme une certitude de victoire et de durée que la bonne foi de M. Brunetière ne lui permettait pas de donner : ainsi, non seulement l'assemblée se laissait porter par l'orateur, elle le devançait et, s'il eût été moins maître de lui-même, le sentiment très visible de l'auditoire l'eût conduit à pousser plus avant la thèse qu'il était venu défendre.

On devine aisément quel succès une assemblée ainsi disposée sut faire au conférencier pour le remercier de la grande jouissance intellectuelle qu'elle venait d'éprouver. Cette pensée de gratitude se manifesta d'une manière aussi vive, quoique plus intime, au banquet du soir, où les membres actifs et les membres honoraires de la conférence Saint-Thomas d'Aquin se groupaient, au nombre de plus de cent, autour de M. Brunetière. Au dessert, les remerciements de M. Gérardin, le discours d'un sens très profond, d'un tour très étudié, lu par M. Montenoise, le toast très fin et très humoristique de M. le chanoine Suchet au nom de la Franche-Comté, prouvèrent à l'hôte éminent de la conférence combien il avait été apprécié, quelle impression salutaire et profonde laisserait son passage parmi nous. Les réponses de M. Brunetière, ses conseils à la jeunesse pour la préserver du dilettantisme, sa spirituelle et aimable riposte à M. Suchet, furent un digne couronnement d'une journée dont le souvenir restera vivant, non seulement au sein de la conférence, mais dans la cité tout entière.

*Discours de M. Gérardin, président de la confé-
rence Saint-Thomas d'Aquin, au début de la
séance tenue au Kursaal.*

« Mesdames et Messieurs,

« Les jeunes gens aiment la vigueur, l'éclat, le
succès, et à l'heure actuelle, ils se passionnent
pour le Vrai, le Beau, et pour le Bien.

« La jeunesse de Besançon désirait depuis longtemps s'affirmer au milieu du concert intellectuel
de la jeunesse française et rêvait d'entendre proclamer chez elle les grands principes directeurs
qu'elle veut suivre. Il lui fallait pour cela un
penseur ayant manifestement les mêmes affinités
et qui fût en même temps un diseur de talent.

« Il fallait, en un mot, à la Conférence littéraire
et scientifique Saint-Thomas d'Aquin, un cham-
pion de sa devise : « Toujours la vérité. »

« Un nom qui dit labeur et patience, lutte et
vaillance, victoire et indépendance, répondait
complètement à notre désir, car il est en même
temps le nom d'un lettré et d'un savant critique,
et avant tout le nom d'un courageux défenseur
de la Vérité.

« M. Brunetière pouvait seul satisfaire notre attente. Vous le connaissez tous, Mesdames et Messieurs, car tous, vous l'avez lu, vous l'avez entendu, vous l'avez applaudi.

« Ses travaux, son talent, son autorité, nous séduisirent au point que nous avons osé, confiants dans son ardeur et dans la franchise de son caractère, solliciter de lui, directement, l'honneur de le recevoir et de l'entendre.

« La réponse fut aussi nette que la demande de la jeunesse de Besançon était simple. M. Brunetière voulut bien faire à notre délégué le plus bienveillant des accueils et nous promettre de venir chez nous et pour nous, à Besançon, le 2 février 1896.

« Fidèle à sa promesse, M. Brunetière est aujourd'hui au milieu de nous, donnant ainsi la mesure de l'affection qu'il porte à la jeunesse studieuse de son pays.

« Il vient nous remettre en mémoire cet Idéal qui fit la force de nos pères et nous convier à en faire avec lui le sujet de nos pensées et de nos méditations.

« Toutefois, nous n'avons pas voulu le garder uniquement pour nous seuls ; et d'ailleurs, l'eus-

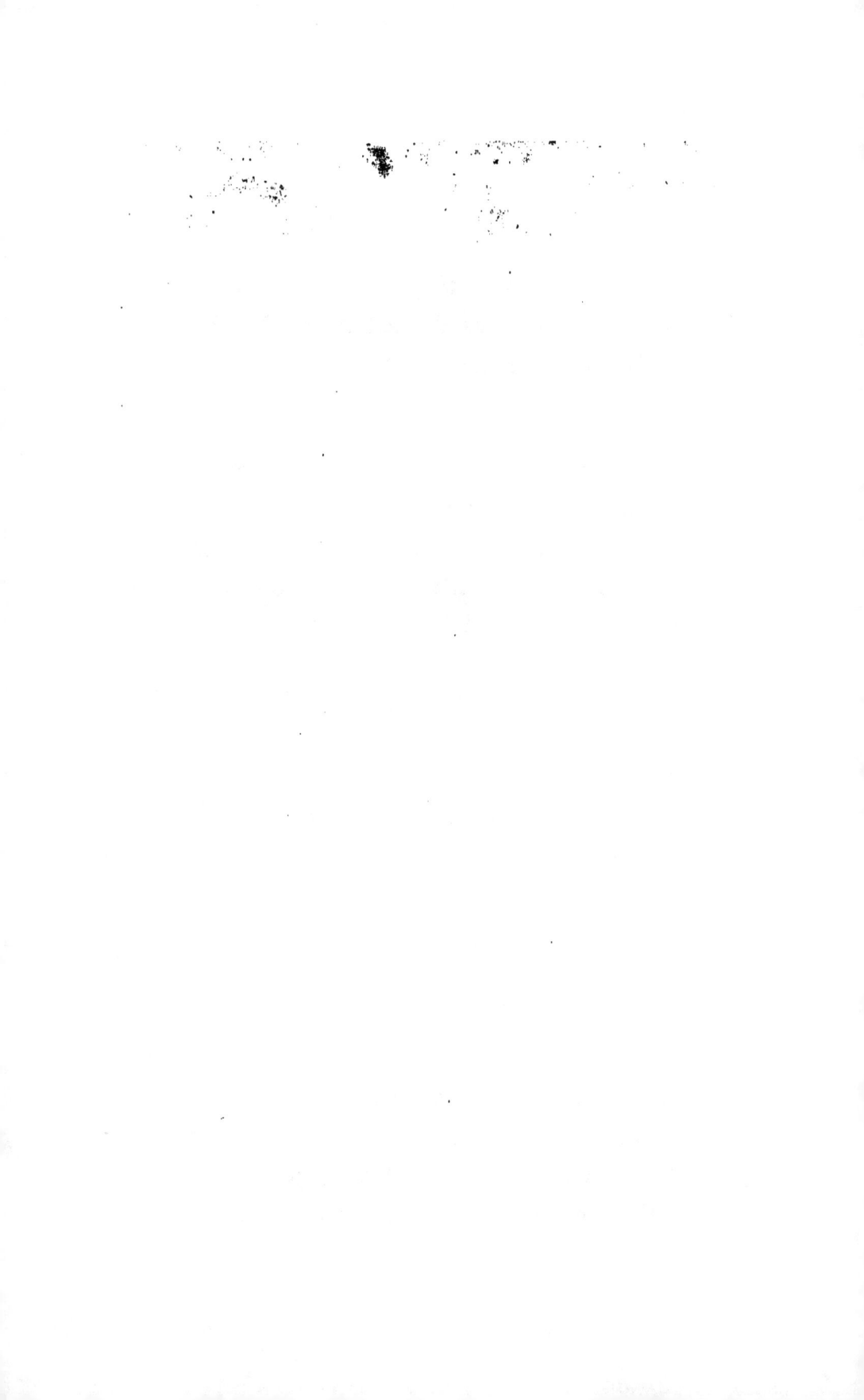

« Oui, j'en suis sûr, comme nous il se souvien-
dra, comme nous il s'attachera à cet Idéal qui
depuis quelque temps se voilait à ses regards.

« Messieurs,

« Levons nos verres et saluons ici solennelle-
ment celui qui est venu pour nous tracer la voie.

« Dieu veuille que la hauteur, la droiture et la
sincérité des accents de M. Brunetière entraîne à
sa suite, avec la jeunesse de Besançon, toute la
jeunesse française !

« En un toast d'une éloquence élevée, M. Brunetière répondit à M. le Président et à toute la jeunesse qui s'était associée par ses applaudissements enthousiastes aux paroles qui venaient
d'être prononcées :

*A la Jeunesse bisontine.*

« Messieurs,

« Je vous remercie avant tout des paroles trop
obligeantes que le président de votre conférence
vient de m'adresser en votre nom, et je lui réponds
très sincèrement que, si nous parlons de reconnaissance, c'est moi qui vous en dois pour la

franche et chaude cordialité de votre accueil. Je vous ai dit tantôt ce que j'avais à vous dire : mais puisque je suis ici l'hôte de la jeunesse de Besançon, c'est à elle que je voudrais porter mon toast, et je vais l'essayer, quoiqu'il n'y ait rien de plus embarrassant.

« Il n'y a rien de plus embarrassant que de porter un toast à la jeunesse, car quels vœux ou quels souhaits lui adresserait-on bien ; et n'a-t-elle pas tout pour elle? Vous avez l'espérance et vous avez la force ! Vous avez l'ardeur et vous avez la générosité ! Vous avez la curiosité... et si vous avez sans doute quelques défauts, puis-je vous souhaiter de vous en défaire, puisque vous ne vous en déferez qu'avec la jeunesse même, et que peut-être, en attendant, sont-ils la rançon de vos qualités. Mais je puis toujours vous donner un conseil, et tout en louant en vous votre avidité de connaître, je puis vous engager à vous défier du pire des vices qu'elle engendre : c'est le dilettantisme.

« Et je vais vous indiquer un moyen de vous en préserver; car, on a quelquefois l'air de croire que ceux qui ne veulent voir qu'un côté des questions, c'est que les autres leur ont échappé...

Non! ils ne leur ont pas échappé! Mais dans ces grandes questions, où il y va de la conduite, et de la morale, et de l'humanité, considérant que la vie est courte et la science infinie, ils ont compris qu'on n'arrivait à rien, si l'on ne prenait de bonne heure un parti, et c'est tout justement ce que l'on appelle avoir un idéal... Faites-vous donc de bonne heure un idéal, pour toutes sortes de raisons, mais surtout pour pouvoir agir, et, si vous vous imposez après cela la loi de vous y conformer, vous pourrez en sûreté vous moquer du dilettantisme et de son impuissance.

« C'est le souhait que je forme pour vous, et si peut-être vous l'avez senti tantôt dans les paroles que je vous adressais, je ne puis mieux vous témoigner ma reconnaissance qu'en le formulant ce soir plus clairement; et ainsi, — parlons latin puisque nous sommes entre pédants, — *unde orsa est in eodem terminabitur oratio* : la journée finira comme elle a commencé!

« Je bois à la Jeunesse de Besançon! »

M. Montenoise avocat, et ancien président de la conférence Saint-Thomas d'Aquin, se leva ensuite et prononça le discours suivant.

« Monsieur,

« Je crois qu'on a eu tort de dire du discours et sans réserves qu'il ne survit pas au temps ni à l'occasion. Pour ma part, aujourd'hui plus que jamais, j'incline à penser qu'en cela tout dépend de l'orateur. Les paroles que vous venez de prononcer ne sont pas de celles qu'on oublie. Tombées de vos lèvres parmi nous et pour nous, elles ont toute l'autorité d'un précepte, toute la valeur et la netteté d'un enseignement, bien plus elles demeurent le plus précieux témoignage de votre haute bienveillance et de votre généreuse sollicitude; en vieillissant dans notre souvenir, elles ne perdront rien de leur saveur et les idées qu'elles ont semées dans notre esprit ne seront pas un grain stérile.

« Ce que vous nous avez dit, Monsieur, nul mieux que vous ne l'eût exprimé et d'une façon plus profitable. N'êtes-vous pas, en effet, l'adversaire déclaré des périodes sonores et des phrases vides? Avez-vous jamais dans votre carrière, mis au jour une page, je ne dirai pas inutile, mais superflue? Peut-il sortir de votre plume ou de votre bouche un mot qui n'ait sa raison d'être, sa signification, sa portée? Et lorsqu'on vous lit ou qu'on vous écoute, comme on comprend à merveille votre indignation contre ceux qui ont voulu faire de l'art « un divertissement de mandarins », de cet art où vous êtes passé maître et où vous avez apporté, *vous*, tant de conviction, de scrupule et de probité! — « Il faut que tout le monde vive, mais personne, que je sache, n'est obligé de parler ou d'écrire et quiconque s'y décide est éternellement comptable de sa parole ou de son écriture à l'humanité tout entière ». C'est vous, Monsieur, nous le savons tous, qui avez dit ces choses; vous ne vous êtes pas contenté de les dire, vous avez prêché d'exemple, ce qui est la meilleure et la plus persuasive des éloquences.

« Trop heureux serions-nous si chacun, dans sa sphère, comprenait son rôle social comme vous avez compris le vôtre. Hélas! il n'est pas besoin d'avoir l'expérience de l'âge pour affirmer qu'aujourd'hui les hommes, non pas sans doute et cela va sans dire, de votre caractère, mais les hommes de caractère, les hommes de volonté sont rares. L'indifférence, la mollesse, le scepticisme qui sont des formes du dilettantisme, ont tout envahi, et il n'y a pas là de quoi nous surprendre. « Si certains hommes, écrivait la Bruyère, ne sont pas dans le bien jusqu'où ils pourraient aller, c'est par le vice de leur première instruction. » Mieux que La Bruyère, Monsieur, vous avez compris le mal puisque vous avez voulu y porter remède, puisque vous vous êtes efforcé de montrer quelles doivent être les qualités de cette instruction ou plutôt de cette éducation « qui doit former l'homme pour la société. » — Et c'est ainsi que la jeunesse est devenue l'objet de votre constante préoccupation. Les jeunes gens sont le sel de la terre. « Ce sont eux, a-t-on dit, qui en se mêlant aux masses, empêchent celles-ci de se corrompre. « Et voilà pourquoi vous vous êtes tourné vers eux, voilà pourquoi vous avez essayé de les mettre en garde contre ce dilettantisme dont vous venez une fois de plus de nous montrer tous les dangers, voilà pourquoi vous avez essayé de les prémunir contre l'individualisme en leur répétant :

« Nous ne sommes pas nés pour nous, mais

pour la société et avant d'être nos maîtres, nous
sommes les serviteurs de la patrie et de l'humanité. » Vous avez stimulé leur amour-propre, ré-
veillé leurs aspirations, exaspéré leur soif d'idéal,
vous leur avez rendu les espérances et jusqu'aux
illusions qu'on était en train de leur faire perdre. Voilà pourquoi, lorsque nous nous sommes
adressés à vous, vous avez répondu avec tant de
complaisance à notre appel, voilà pourquoi vous
êtes aujourd'hui parmi nous, voilà pourquoi vous
avez parlé tout à l'heure comme vous l'avez fait.

« Les jeunes gens qui vous ont entendu et dont
je suis ici l'interprète bien insuffisant et bien
malhabile, me prient, Monsieur, de vous exprimer toute leur admiration et toute leur reconnaissance pour les paroles que vous avez bien
voulu leur adresser. Votre œuvre est éminem-
ment patriotique, ils le savent. C'est au couronnement définitif de cette œuvre, c'est à la réalisation de vos efforts que j'applaudis avec eux, en
vous demandant la permission de lever respec-
tueusement mon verre en votre honneur. Unis
dans la même pensée, dans la même opiniâtreté
de volonté et de labeur, nourris de vos conseils et
de votre exemple, nous secouerons cette torpeur

qui tend à nous envahir, nous deviendrons des hommes d'action, avant tout des hommes de « tempérament personnel » et de caractère et notre génération n'oubliera pas les chefs qui, comme vous, l'auront conduite à la plus noble des victoires, celle qu'on remporte sur soi-même.»

### Toast de M. le Chanoine Suchet

M. le chanoine Suchet prononça ensuite une spirituelle allocution.

« Monsieur,

« Permettez-moi de vous remercier, non seulement au nom des membres de la conférence de Saint-Thomas d'Aquin, mais encore au nom de la Franche-Comté. Je ne crains pas de me faire l'interprète de mes compatriotes en vous disant que cette province s'honore de vous posséder aujourd'hui dans sa capitale.

« On nous reproche, à nous autres Franc-Comtois, d'être froids, têtus et jaloux — froids! sans doute, nous n'avons pas l'humeur expansive de certaines autres provinces. Mais nous savons apprécier avec calme, et au moment opportun, les qualités solides et les talents véritables. Vous avez pu voir aujourd'hui par la foule réunie pour vous entendre, que nous ne sommes pas indifférents au bien-dire et que nous savons nous enthousiasmer par une parole éloquente.

« On dit encore que nous sommes têtus. Oui, les comtois sont fermes dans leurs opinions et leurs croyances, quand ils ont pesé les motifs d'y être fidèles. C'était là le caractère de nos pères, et lorsque notre province était vraiment maîtresse d'elle-même, elle avait ce vieux dicton qui était le symbole de sa fermeté :

> Comtois, rends-toi !
> Nenni, ma foi!

« On dit enfin que nous sommes jaloux, et que nous aimons à déprécier ceux de nos compatriotes qui s'élèvent au-dessus du vulgaire. Cette accusation, on s'est plu à la formuler dernièrement, dans les journaux de la capitale et de la province, en nous accusant de renier un grand poète né parmi nous. Il n'y a rien de fondé dans cette accusation. La Franche-Comté n'a jamais renié aucune de ses gloires et n'a reconnu à personne le droit de les contester. Et même je puis dire que, dans aucun autre pays peut-être, on n'a montré autant de zèle à recueillir les détails historiques et biographiques qui peuvent mettre en relief ceux de nos concitoyens qui se sont distingués dans une carrière honorable. Nous sommes fiers de toutes nos illustrations militaires, littéraires, poétiques, scientifiques et religieuses. Leurs noms nous rappellent cet idéal qui doit nous élever, comme vous l'avez si bien dit, au-dessus des doctrines sensualistes, et nous inspirer d'aimer et d'honorer toujours ce qui est grand, ce qui est beau, ce qui est bon et ce qui est vrai. »

M. Brunetière dut de nouveau, aux applaudissement de toute la salle, se lever pour répondre au spirituel et fin chanoine Suchet.

« Monsieur le Chanoine,

« Je vous remercie de vos paroles, et si je ne puis me permettre, étant trop neuf à Besançon, d'avoir l'air de prendre parti dans une controverse locale, je crois cependant pouvoir vous dire que je ferai votre commission.

« Je la ferai d'autant plus volontiers que je ne connaissais pas, je l'avoue, les défauts que vous m'apprenez que l'on reproche aux Francs-Comtois, mais qu'après vous les avoir entendus si spirituellement énumérer, je trouve, en y songeant, que, pour des défauts, ils ont beaucoup de l'air des qualités que j'estime le plus.

« Vous passez pour *jaloux,* dites-vous, et voilà sans doute un bien vilain défaut; mais quoi! la jalousie n'est souvent qu'une forme de l'émulation; et puis, les jaloux sont peut-être eux-mêmes très malheureux, mais je trouve bon qu'il y ait des jaloux, pour nous obliger à veiller constamment sur nous-mêmes, et, le cas échéant, à valoir ainsi tout notre prix.

« Vous passez pour *têtus,* m'avez-vous dit ensuite! Oh! ici je n'ai plus de doute, et je fais pour ma part le plus grand cas de l'entêtement. Tenir à ses idées, à ses affections, aux opinions que l'on s'est faites, les défendre envers et contre tous, mais! c'est la définition même de la fermeté du caractère, et l'entêtement n'est que le nom que lui donnent ceux qui ne la possèdent pas, et qui en sentent cependant tout le prix.

« Et que m'avez-vous donc encore dit? Qu'on

vous accusait d'être *froids*? de ne pas vous jeter à la tête des gens? de regarder peut-être à qui vous donnez la main? de ne vous livrer enfin qu'à bon escient? Pour le coup, monsieur le Chanoine, dans les temps où nous vivons, et dont l'un des traits distinctifs est une espèce d'universelle banalité, ah! pour le coup, voilà vraiment une espèce d'héroïsme! et tant pis pour quiconque en méconnaîtrait le prix!

« Oui, monsieur le Chanoine, je ferai votre commission, et, en attendant, je bois à la conservation des précieux défauts des Comtois. »

# LA RENAISSANCE

# DE L'IDÉALISME

---

Mesdames et Messieurs,

Ce serait de l'ingratitude et de l'impoli-
tesse, en prenant la parole devant ce brillant
auditoire, que de ne pas vous remercier tout
d'abord de votre empressement. Mais, si je ne
saurais vous dissimuler ma satisfaction de
vous voir si nombreux, je ne saurais non plus
vous cacher mon émotion, mon inquiétude
même; et je me demande comment je réussi-
rais à remplir votre attente, si deux considé-
rations ne me rassuraient et ne me soute-
naient. La première, c'est que je me flatte

4

que, dans votre empressement même, il n'est pas entré moins de bienveillance et de sympathie que de curiosité; et la seconde, c'est l'intérêt lui-même de mon sujet, que je m'imagine qu'il me suffira de traiter avec sincérité, pour l'avoir traité convenablement.

Il y a donc cela vingt-cinq ou trente ans, quelques-uns d'entre vous se le rappellent peut-être, et les autres l'ont entendu conter, qu'une doctrine, qui affectait les allures d'une religion de la matière, régnait presque souverainement, en philosophie, sous le nom de *positivisme*, et en art et en littérature, sous les noms de *réalisme* ou de *naturalisme*. Elle nous venait en droite ligne du dix-huitième siècle, — le « grand siècle », ainsi qu'on l'a quelquefois appelé, par moquerie sans doute, — mais en tout cas le moins « chrétien », comme on l'a bien mieux dit, et le moins « français » aussi de notre histoire (1). Les Diderot, les

(1) Émile Faguet : *Dix-huitième siècle.*

d'Alembert, les Condorcet, les Volney, les Cabanis en avaient été les prophètes ; et le *Cours de philosophie positive* d'Auguste Comte en était l'Évangile. Elle enseignait substantiellement qu'en dehors de ce qui se compte, de ce qui se pèse et de ce qui se mesure, en dehors de ce qui tombe sous la prise de l'expérience et des sens, en dehors des faits et des groupements qu'on en peut faire, il n'y a rien que d'hypothétique, d'incertain, et d'illusoire. Et, à la vérité, pour en tirer cette leçon, il avait fallu commencer par diviser ou plutôt et pour mieux dire, par altérer, par dénaturer, par mutiler la vraie pensée d'Auguste Comte (1) ;

(1) C'est ce qui était arrivé, bien avant Comte, à l'auteur de la *Critique de la Raison pure ;* et comme s'il n'était pas l'auteur aussi de la *Critique de la Raison pratique*, on en avait fait à peu près uniquement le grand théoricien de la *Relativité de la connaissance*. On affectait d'ignorer une moitié de son œuvre, — la seconde, et la plus importante à ses yeux — pour n'en retenir que la première. On répétait, avec ce mauvais plaisant d'Henri Heine, qu'après avoir jonché la terre des débris de « l'ontologisme », et « privé Dieu de démonstration », c'était dans l'intérêt de son vieux domestique, par un effet de compassion ou de prudence bourgeoise, qu'Emmanuel Kant avait relevé, d'une main cauteleuse, dans

mais on n'y avait pas pris garde, puisque aussi bien il était mort ; et tel était l'enseignement qui ressortait de la critique de Taine et de la poésie de Leconte de Lisle, du théâtre d'Alexandre Dumas et du roman de Flaubert, de

la *Critique de la Raison pratique*, tout ce qu'il avait jeté bas dans la *Critique de la Raison pure*. Et, des prémisses de son raisonnement on avait réussi à en faire les conclusions, ou encore, de son point de départ le terme de sa dialectique. C'est ainsi que, jusque de nos jours, beaucoup de Comtistes, et non des moindres, semblent ignorer jusqu'à l'existence du *Cours de Politique positive*, ou encore, ne retenant, du *Cours de philosophie* lui-même, que ce qui concerne la philosophie des sciences ou la « Loi des trois États, » — l'y réduisent. Ce n'en était pas cependant, aux yeux de l'auteur, la partie capitale, mais une préparation ou, si l'on veut, un acheminement à la sociologie, pour ne pas dire à la « religion ». « La vie d'Auguste Comte, a dit un de ses plus fidèles disciples, peut se partager en trois phases distinctes : dans la première, qui a surtout un caractère social, il conçoit et proclame la nécessité de la restauration spirituelle ; dans la seconde, principalement philosophique, il construit les bases systématiques de cette nouvelle autorité ; dans la troisième, essentiellement religieuse, il institue le culte et le régime correspondant au dogme préalablement élaboré. » *Notice sur la vie et l'œuvre d'Auguste Comte*, par le docteur Robinet. De ces trois phases, beaucoup de Comtistes n'ont connu que la seconde, et c'était d'ailleurs leur droit, mais il ne faudrait pourtant pas oublier entièrement les deux autres.

l'esthétique de Gustave Courbet et de la philosophie de Littré. « Il n'y a rien de plus méprisable qu'un fait, » avait dit Royer-Collard ;
et on lui répondait maintenant : « Le fait est
tout, puisqu'il est la seule réalité que nous
puissions atteindre ; il n'y a de science que du
fait ; et tout ce que nous nommons des noms
de métaphysique ou de religion, illusion du
sentiment ou mirage de l'imagination, ne consiste qu'à vouloir nous émanciper, sans titre
ni droit, de la salutaire tyrannie des faits (1) ».

(1) Est-ce que je me trompe ? ou peut-être est-ce que
j'exagère en donnant à la formule ce degré de précision ? Je
ne le crois pas ; et, pour preuve, je n'ai qu'à transcrire ici
quelques passages d'un singulier et remarquable *Éloge de
Magendie*, par Claude Bernard.

« M. Magendie avait pour l'esprit de système une répul-
sion vraiment extraordinaire. Toutes les fois qu'on lui par-
lait de doctrine ou de théorie médicale, il en éprouvait
instinctivement une espèce de sentiment d'horreur.....
M. Magendie a conservé toute sa vie cette antipathie pour le
raisonnement en médecine et en physiologie..... Il n'a jamais
voulu entendre parler que du résultat expérimental, brut et
isolé, sans qu'aucune idée systématique intervînt ni comme
point de départ, ni comme conséquence..... Chacun, me disait-il, se compare dans sa sphère à quelque chose de plus
ou moins grandiose, à Archimède, à Michel-Ange, à Newton,

C'est, Messieurs, cette doctrine que nous avons vue, dans ces dernières années, perdre insensiblement de son ancien crédit; et tout ce qu'elle perdait, je dis, — et je voudrais vous montrer aujourd'hui, — que c'est l'*Idéalisme* qui l'a gagné.

Vous entendez bien que je ne prends pas ici ce mot d'*Idéalisme* dans le sens précis, technique et limitatif que lui donnent les philosophes. Il y a des définitions qui ne sauraient être trop étroites! mais il y en a d'autres dont il est bon, nécessaire même, de laisser un peu flotter les termes. Ce que j'appelle du nom d'*Idéalisme*, c'est donc, Messieurs, la doctrine, ou plutôt, — car il y en

à Galilée, à Descartes... Louis XIV se comparait au soleil. Quant à moi, je suis beaucoup plus humble, je me compare à un chiffonnier: *avec mon crochet à la main et ma hotte sur le dos, je parcours le domaine de la science, et je ramasse ce que je trouve »*.

A peine est-il ici besoin de lire, comme l'on dit, entre les lignes! Mais l'esprit de Magendie a régné longtemps dans la science; et de plus autorisés ou de plus compétents que nous pourraient dire de combien cet esprit a retardé les progrès de la science elle-même.

a plusieurs, — ce sont les doctrines qui, sans méconnaître l'incontestable autorité des faits, des événements de l'histoire ou des phénomènes de la nature, estiment qu'ils ne s'éclairent ni les uns ni les autres de leur propre lumière ; qu'ils ne portent pas avec eux leur signification tout entière ; et qu'ils relèvent de quelque chose d'ultérieur, de supérieur, et d'antérieur à eux-mêmes. L'*Idéalisme*, c'est encore la conviction que, si la science ou la connaissance de fait, la connaissance expérimentale, la connaissance rationnelle est une des « fonctions de l'esprit », elle n'est ni la seule, ni peut-être la plus importante. Il y a plus de choses dans le monde que nos sens, — instruments merveilleux, je ne dis pas le contraire, mais instruments très bornés aussi, — n'en sauraient percevoir ou atteindre. Et l'*Idéalisme* c'est, enfin, Messieurs, la persuasion, l'intime persuasion, la croyance indestructible que derrière la toile, au delà de la scène où se jouent le drame de l'histoire et le spectacle de la nature, une cause invisible,

un mystérieux auteur se cache, — *Deus abs-
conditus*, — qui en a réglé d'avance la suc-
cession et les péripéties.

Si vous m'accordez cette définition, et, je
pense au surplus que les philosophes eux-
mêmes me l'accorderaient (1), je ne veux pas

(1) Nous sommes toujours maîtres de nos définitions, et
une fois posées, on n'a le droit de nous demander que d'y
conformer notre langage. Mais, comme d'autre part, on ne
saurait entièrement vider les mots du sens que l'usage y a
comme attaché, nous risquerions de n'être pas compris si
notre définition de l'*Idéalisme* était incompatible avec
celle qu'en donnent les philosophes ou les métaphysiciens.
Rappelons donc qu'en philosophie, — depuis Parménide
jusqu'à Hegel, et si l'on le veut jusqu'à M. de Hartmann, —
l'*Idéalisme* consiste à ne reconnaître pour vrai, et même
pour existant réellement, que ce qui existe d'une manière
permanente et durable.

On en a donné, — dans un excellent livre sur l'*Idéalisme
en Angleterre au dix-huitième siècle*, — dont Berkeley est
naturellement le héros, une définition moins concise, et que
nous avons plaisir à reproduire. « Cette philosophie, y lisons-
nous, prend le nom d'*Idéaliste* qui aperçoit, *au-dessus* du
monde actuel, — j'aimerais mieux dire *au delà*, — tout un
autre univers que nos pensées composent, dont un esprit
omniprésent, le nôtre peut-être, fournit le théâtre. Elle
ose plus. Au lieu que tout à l'heure, l'âme éprise du mieux
se contentait d'inventer par delà les êtres ambians des
types embellis, sur la consistance desquels elle ne se faisait

dire qu'il me sera facile, mais il me sera possible, Messieurs, de vous la montrer en action, depuis une dizaine d'années, ou davantage, non seulement dans la science, et ce sera mon premier point; — mais dans l'art et dans la littérature, ce sera le second; et, — si vous le voulez bien, ce sera le troisième, — jusque dans la politique elle-même. Oui, quelque sombre, je veux dire obscure et confuse, que soit l'heure présente, nous avons encore, nous avons toujours des raisons d'espérer; nous en avons peut-être plus et de plus fortes, de plus solides, que nous n'en avions il y a quelque dix ans. Je vois

nulle illusion, l'esprit maintenant prend en lui-même assurance et foi. *Le réel prétendu devient pour lui signe et symbole; et ce sont désormais ses pensées*, avec leurs lois inflexibles, leur inépuisable variété de formes et de contours *qu'il estime seules de véritables existences* ». *L'Idéalisme en Angleterre au dix-huitième siècle*, par M. Georges Lyon, p. 1 et 2.

On n'apprendra pas sans un vif intérêt que cette définition de l'idéalisme a jadis été dédiée à M. Marcelin Berthelot : « pour avoir apporté à l'*Idéalisme*, dont l'inscription aux nouveaux programmes de l'enseignement classique faisait l'objet de vives critiques, l'autorité victorieuse de sa parole ».

ou je crois voir, si je regarde autour de moi, des symptômes non douteux d'une *réaction*, ou, si vous l'aimez mieux, d'une *renaissance* prochaine, — c'est la même chose, mais les deux mots n'évoquent pas le même cortège d'idées; — et avec le secours de votre indulgence et de votre attention, ce sont ces symptômes que je vais essayer de caractériser.

## I

Observons donc d'abord ensemble, Messieurs, que, si quelques savants, en ce temps-là, s'étaient formé de leur science, ou de la science en général, une idée trop étroite et vraiment misérable, en la réduisant à une constatation pure et simple et comme qui dirait à une statistique de faits; si l'on avait cru faire merveille en en chassant l'imagination comme une « maîtresse d'erreur », nous connaissons encore quelques sectaires qui continuent de s'en former toujours la même idée, mais pas un vrai savant. « Il faut bien se

garder de proscrire l'usage des idées et des
hypothèses... On doit, au contraire, donner
libre carrière à son imagination ; c'est l'*idée*
qui est le principe de tout raisonnement et
de toute invention ; c'est à elle que revient
toute espèce d'initiative. On ne saurait l'é-
touffer ni la chasser sous prétexte qu'elle
peut nuire... » Ces paroles ne sont pas d'un
philosophe de profession, mais d'un physio-
logiste ! Elles sont de Claude Bernard, c'est-à-
dire de l'homme qui, dans le siècle où nous
sommes, avec Darwin et avec Pasteur, a re-
nouvelé les sciences de la vie. Et tous les trois
ensemble, s'ils les ont renouvelées, Messieurs,
ne le savez-vous pas ? c'est peut-être bien
moins par la patience de leurs observations,
qui fut cependant infinie, ou même par la
précision presque mathématique de leurs
expériences, que par la hardiesse de leurs
vues, l'abondance de leurs idées, et l'am-
pleur grandiose de leurs hypothèses (1). S'ils

(1) On a longtemps traduit le mot célèbre de Newton :
*Hypotheses non fingo,* comme si Newton avait voulu dire

sont Darwin, Pasteur et Claude Bernard, c'est justement parce que les faits ne leur ont pas suffi, — comme à tant de garçons de laboratoire qui n'en croient pas moins avoir la science en tutelle et en garde; — c'est parce qu'on les a vus refuser de s'y soumettre quand les faits ont semblé quelquefois contredire l'idée dont ils se croyaient sûrs; c'est en deux mots parce qu'ils ont plutôt douté de l'infaillibilité de leurs sens, ou du résultat de leurs expériences, que de la vérité de leur sentiment.

Mais en même temps qu'ils faisaient rentrer l'hypothèse dans la science et qu'ils y ré-

qu'il « ne se permettait aucune hypothèse. » Mais nous pouvons le traduire aussi d'une autre manière; et si nous estimions que Newton a voulu dire que « ses hypothèses n'avaient rien d'imaginaire, étaient l'expression même de la réalité », la traduction ne vaudrait-elle pas mieux? et ne serait-elle pas plus voisine peut-être de la vraie pensée de Newton? Il ne pouvait pas *prouver* l'attraction, et faute de preuves, elle demeurait donc une *hypothèse;* mais cette *hypothèse* expliquait mathématiquement le système du monde; et les conséquences *démontrables* qui en résultaient la rendaient elle-même équivalente à une *certitude.*

tablissaient ainsi ce que l'on pourrait appeler la souveraineté de l'idée sur le fait, d'autres, d'un autre côté, limitaient le domaine de la science, et la dépossédaient de ce caractère de religion laïque, si je puis ainsi dire, que toute une génération lui avait presque reconnu (1).

(1) Je suis bien aise ici de reproduire un passage d'un remarquable article *sur la Morale Bourgeoise*, de M. Charles Bonnier, dans le *Devenir Social* du mois de décembre 1895. L'auteur vient de retracer à grands traits, un peu sommaires peut-être pour le dix-huitième siècle, l'évolution de la « morale bourgeoise » et il ajoute :

« Il y eut alors dans l'évolution un phénomène curieux, vers les années 1850, phénomène très bien étudié par J. J. Weiss, — dans un article que nous rappellerons nous-même tout à l'heure, — *l'adoration de la science*, fruit de la doctrine positiviste. *A son tour elle servit de religion à la bourgeoisie.* On ne croyait plus qu'aux faits, c'était la religion des résultats. La science devait prouver à la bourgeoisie, non seulement qu'elle avait eu raison d'entamer la lutte contre la classe privilégiée des nobles et des prêtres, mais encore que cet empire, qu'elle avait conquis, elle le garderait éternellement. Et l'on vit alors le parti libéral, transformé en parti républicain, *proclamer sa dévotion à la science*. L'hosannah qu'entonne Renan dans son *Avenir de la science* répondait à ce sentiment général; *on était enfin arrivé au port, on avait sa religion;* et on pouvait se reposer, après cette lutte de plus de deux siècles. »

On ne saurait mieux dire, et c'est ce que reconnaîtront,

Et ici, Messieurs, puisque l'occasion s'en présente, je ne puis m'empêcher de faire allusion à une controverse que j'ai soulevée moi-même et dont les résultats, quoi qu'on en ait pu dire, me paraissent pour la plupart acquis. Avec plus d'habileté que de franchise, on a donc feint de ne pas me comprendre; et on m'a demandé, quand j'accusais la science d'avoir fait banqueroute, si je voulais dire qu'on allât plus vite et plus commodément de Paris à Besançon par le coche que par le chemin de fer. Non! ce n'est pas ce que j'ai voulu dire! ni non plus que l'on s'empoisonnât jadis à meilleur marché que de nos jours, — j'aurais dit plutôt le contraire, je crois même l'avoir dit; — et je n'ai pas parlé le premier de la « Banqueroute de la science »; et je n'en ai parlé que pour protester contre l'exagération et

tous les esprits impartiaux : La science a eu, elle aura eu, trente ou quarante ans durant, la prétention de remplacer les « religions »; d'en être donc une elle-même; et à ce titre de se substituer dans les privilèges des religions.

l'injustice de l'expression (1). Mais, comme
autant que je le puis, — et sans méconnaître
qu'il n'y a rien de plus difficile ni de plus am-
bitieux au monde, — j'aime à user de termes
précis, j'ai dit, et je répète avec une entière
assurance que les sciences avaient fait des
faillites partielles ; et, dans la langue de tout
le monde, comme dans la langue du droit,
faire faillite, Messieurs, c'est ne donner à ses
créanciers que 75, ou 50, ou 25 % de sa dette,
c'est ne tenir et ne réaliser que les trois quarts,
ou la moitié, ou le quart de ses engagements.

Que m'a-t-on répondu là-dessus? Que les
engagements que je lui reprochais de n'avoir
pas tenus, — comme celui de nous apprendre
un jour où nous allons, ce que nous sommes, d'où nous venons, — la science ne les
avait pas pris? Mais pour prouver qu'elle
les avait pris, je n'ai eu qu'à ouvrir le *Discours sur la méthode*, de Descartes ; l'*Esquisse
de l'histoire des progrès de l'esprit humain*,

(1) Voyez *la Science et la Religion*, p. 13 et 14.

de Condorcet; l'*Avenir de la science,* de Renan !
et combien d'autres livres encore, qu'il serait
trop facile d'y joindre ! et Renan, Condorcet,
Descartes, — pour ne rien dire de M. Berthelot, — sont-ils ou ne sont-ils pas des savants? Moi, je le veux bien, si l'on le veut!

On m'a fait observer encore que les « savants » n'étaient pas « la Science » (1); et, en

(1) C'est ici ce que l'on pourrait appeler un bon exemple
de « Faux Idéalisme » ou d'« Idéalisme à Rebours », si l'ar-
gument, ou plutôt le sophisme, consiste à faire de la science,
avec un grand S, une espèce d'entité métaphysique. Mais
parce que la « méthode des résidus », autrefois célébrée par
Stuart Mill, dans son *Traité de Logique Inductive,* a quelque part des applications, ce n'est pas une raison de l'appliquer partout; et la distinction que l'on prétend établir
entre la « Science » et les « savans » me paraît aussi vaine,
ou, pour ne pas la qualifier, elle est de même nature que celle
que l'on essaierait d'établir par exemple entre « les Artistes »
et « l'Art »; ou encore entre « la Religion » et ses « ministres. »
Je veux dire qu'évidemment si l'erreur ou le vice d'un prêtre
n'est pas imputable à la religion, ni l'erreur ou la sottise
d'un savant à la science, ni l'erreur ou l'immoralité d'un
artiste à l'art lui-même, il n'y en a pas moins une indivisible
solidarité de l'art et des artistes, comme de la religion et de
ses ministres, comme de la science et des savants.

Dira-t-on là-dessus que la science est plus impersonnelle?
Je le veux bien; mais elle ne le devient qu'à la longue, et
quand le temps a passé ses découvertes et ses théories

effet, ils n'en sont que les interprètes ; mais,
dans la réalité de l'histoire et de la vie quoti-

comme au crible. Rappelons-nous plutôt, et sans remonter
bien haut, quelles contradictions les Darwin, les Claude
Bernard, les Pasteur ont essuyées de la part des savans de
leur génération. C'est au nom de la « Science » que Flourens a combattu l'*Origine des Espèces;* c'est au nom de la
« Science » que Vulpian ou Longet ont contesté les découvertes de Claude Bernard ; c'est au nom de la « Science »
que le docteur Peter — et avec lui pendant un temps toute
l'École de Médecine — ont combattu la théorie microbienne.
Distinguaient-ils alors? Faisaient-ils deux parts de leurs ob-
jections? Était-ce en tant que Peter ou que Flourens, qu'ils
repoussaient la théorie microbienne ou la doctrine de la
variabilité des espèces? Reconnaissaient-ils seulement la
réalité des faits qu'apportaient Darwin ou Pasteur? Non,
c'était les faits eux-mêmes qu'ils contestaient ; et, dans une
matière infiniment complexe, qu'a-t-il fallu pour triompher de leur opposition? Il a fallu que des générations nouvelles, formées par d'autres méthodes, et nourries d'une autre
« Science » aient comme étouffé leur voix! ou, si l'on le
veut encore, il a fallu que d'autres « savans », s'étant formés une autre idée de la « Science », en aient usé pour
discréditer une « Science » qui n'en était plus une, quoique d'ailleurs elle eût passé cinquante ou soixante ans
pour l'expression « intangible » de la vérité. Elle avait
cessé de plaire, comme il arrive aux produits de la *Belle
Jardinière.* Et je ne sais pas, et personne au monde ne
peut dire ce qu'il en sera dans un siècle ou deux de notre
« Science » à nous, quelque impersonnelle qu'elle nous
paraisse. Et les faits seront sans doute les faits, en gros, et

dienne, ce n'en sont pas moins eux qui par-
lent en son nom, eux seuls! et voyez-les, de
quel air de mépris ils nous reçoivent, quand
nous leur demandons, timidement et respec-
tueusement, si l'état de leur science autorise
quelques-unes des conclusions qu'ils en tirent?
Oui, allez donc dire à ce naturaliste qu'il
n'a pas le droit de conclure de l'animal à
l'homme et de nous donner le gorille ou le
chimpanzé pour ancêtre! Dites à ce physio-
logiste, que, si la pensée a le cerveau pour or-
gane, il n'en résulte pas que la pensée soit
un attribut, une efflorescence, ou une sécré-
tion de la matière! Dites encore à ce chimiste
que, pour n'avoir trouvé dans ses matras que
de l'inorganique, il ne s'ensuit pas de là que
la vie ne soit qu'un *consensus* des forces
physico-chimiques! Ils prendront vos raisons
en pitié! Ils vous demanderont où, dans quel

à moins qu'ils ne soient eux-mêmes détruits par d'autres
faits, mais on n'en donnera pas les mêmes interprétations;
et ce ne sont pas au fond les faits qui sont la « Science »
mais les rapports qu'ils soutiennent entre eux, et par conséquent les interprétations qu'on en donne.

amphithéâtre, vous avez disséqué? dans quel laboratoire vous avez étudié? Et la foule en croira leurs grands airs! Ils nous en imposeront à nous-mêmes! Et si c'est par hasard quelqu'un de leurs confrères ou de leurs émules qui s'inscrit en faux contre leurs assertions, — vous le savez, j'en pourrais produire cent exemples! — ils ne craindront pas d'insinuer qu'une certaine timidité... qu'une certaine étroitesse ou paresse d'esprit... qu'un certain respect des anciens préjugés... que sais-je encore? ont seuls empêché les Claude Bernard de conclure comme des Büchner, les Darwin comme des Dodel, et les Pasteur comme des Pouchet. Mais ceux qui sont plus francs reconnaîtront que « la Science » est responsable des promesses que « les savants » ont faites publiquement en son nom (1); et ces promesses, toutes les fois qu'elle ne les aura pas tenues, nous aurons le droit de dire qu'elle y a fait faillite.

Que vous dirai-je, après cela, de ceux qui

(1) Voyez Berthelot, sur *la Science et la morale*, dans la *Revue de Paris* du 1er février 1895.

m'ont répondu que les sciences mathémati-
ques, physico-chimiques, physiologiques, naturelles, philologiques n'étaient pas la science,
ni même toutes les sciences, et qu'à côté, ou
au-dessus d'elles, la philosophie, l'esthétique,
la morale, la métaphysique devaient avoir
part à l'honneur de ce nom (1)? J'y consen-

(1) C'est la réponse que M. Alfred Fouillée m'a opposée,
dans un article de la *Revue Philosophique* du 1er janvier
1896, sur l'*Hégémonie de la science et de la philosophie*,
qui serait peut-être mieux intitulé : *Sur l'Hégémonie de la
Science* ou *de la philosophie;* car si c'est la première qui
est souveraine, comment la seconde le serait-elle? et si c'est
la seconde, il semble que ce ne soit pas la première.

Quant à la grande objection de M. Fouillée, qui est qu'en
« plaçant en face l'une de l'autre la religion et la science, nous
aurions oublié la philosophie », il nous permettra de lui répondre que c'est là justement tout le problème. Il nous est difficile, en effet, de concevoir, pour notre part, ce que c'est que la
« philosophie », en dehors, et comme séparée de la science ou
de la religion. Convaincue de la vérité d'une religion donnée,
christianisme ou bouddhisme, la métaphysique n'a d'objet,
en les laïcisant, pour ainsi dire, que de montrer ce que la
révélation contient d'enseignements conformes à ceux de la
raison; et, par exemple, n'est-ce pas ce que saint Thomas a
fait dans sa *Somme?* ou bien son ambition n'est que de
répondre, par une interprétation des données de la science
de son temps, comme l'a fait Hegel, dans sa *Phénoménologie*
par exemple, aux questions que les religions décidaient par

tirai volontiers, pour ma part, quand les savants y auront consenti. Mais remarquez déjà,
Messieurs, qu'à elle toute seule cette prétendue
réponse est un aveu. Elle est surtout une
preuve, ou un témoignage de la renaissance
de l'idéalisme. Car, dans quelque logomachie
que l'on prenne ensuite plaisir à s'embar-
bouiller, s'il y a vraiment une science de la
morale et une science de la métaphysique, il
y a donc dans la nature quelque chose qui la
dépasse; que la portée de nos sens ne saurait
jamais atteindre; il y a des questions capita-

un acte de foi. « L'hypothèse mosaïque de la création, dit
M. Fouillée, nous donne une réponse à la question de savoir
d'où nous venons... Mais l'hypothèse brahmanique de
l'émanation, et en général, tous les récits des religions...
nous donnent aussi une réponse à la même question. Elles
ne peuvent être toutes valables. Comment donc choisirons-
nous sans le secours de la philosophie » ? Je réponds sans hé-
sitation : « avec le secours de l'histoire, » et finalement « par
un acte de foi » ; mais jamais avec l'aide et par le moyen
de la « philosophie ». La science, telle que la conçoivent
les savans, quelques savans du moins, peut opposer des
*raisons* au dogme de la transsubstantiation ; la philosophie
n'y peut opposer que des *raisonnemens ;* et des *raisonnemens* ne sont en pareille matière que des mots, rien de
plus. ***Sunt verba vocesque et præterea nihil.***

les, il y a des questions vitales, il y a des questions urgentes; et tout justement ce sont celles que les sciences de fait, que la physique et la chimie, que l'histoire naturelle, que l'exégèse et la philologie ne résoudront jamais.

Qu'est-ce à dire, Messieurs, sinon que, dans la manière de penser qui est aujourd'hui la plus répandue, le mouvement, le progrès naturel de l'idéalisme a rétabli le sens de l'inconnaissable et celui du mystère? « Il n'y a plus de mystères, » s'écriait jadis un illustre chimiste; et, pour pousser ce cri de triomphe, quel moment choisissait-il? C'était le moment où, de toutes parts, l'insuffisance du positivisme et du naturalisme éclatait aux yeux même des plus prévenus. C'était le moment où il apparaissait que toutes ces questions d'origine, de nature et de fin, qui échappent aux prétentions de la science, sont après tout les principales questions qui nous intéressent tous; et qu'en vain depuis cent ans avait-on scientifiquement

essayé de les résoudre, de les transformer
pour les résoudre, de les reculer pour les
transformer, elles continuaient de se dresser
devant nous, plus obscures et plus énigmati-
ques, plus angoissantes, pourrait-on dire, de
tout ce que l'on avait, pour les éclaircir, dé-
pensé d'inutile patience et d'efforts vingt fois
renouvelés et trompés. Oui, quel est le sens de
la vie? Pourquoi sommes-nous nés? Et pourquoi mourons-nous? Comment devons-nous
vivre? comme si nous étions destinés au
néant, ou comme si nous étions promis à l'immortalité (1)? Que sont nos semblables pour
nous? Quelle conduite devons-nous tenir à
leur égard? Jamais peut-être toutes ces questions mystérieuses ne se sont posées avec plus
de force que depuis qu'on a proclamé qu'il
« n'y avait plus de mystères »; et jamais, plus

(1) Voyez sur la question de l' « Immortalité » deux livres
qui ne sont pas aussi connus qu'ils devraient l'être; — cela se
voit quelquefois! — *Le Problème de l'Immortalité*, par
M. Petavel-Olliff, Paris, 1892, Fischbacher; et l'*Immortalité
au point de vue du naturalisme évolutionniste*, par M. Ar-
mand Sabatier, Paris, 1895, Fischbacher.

qu'en cette fin de siècle il n'a fallu reconnaître la vérité de ce mot de Benjamin Constant :
« qu'à mesure que la religion se retire de ce
que les hommes connaissent, elle se replace
à la circonférence de ce qu'ils savent ».

Autre erreur encore du positivisme ; autre
bataille et autre défaite ! Il avait méconnu
quelques-uns des besoins essentiels de l'homme ; et que nous pouvons très bien vivre sans
connaître les montagnes de la lune ou les
propriétés de l'éther, mais non pas sans que
l'imagination et le cœur exigent et réclament
des satisfactions que la science et la raison
sont impuissantes à leur donner. « Le cœur a
ses raisons que la raison ne connaît pas, »
disait Pascal ; mais il a surtout des besoins
que la science, bien loin de les combler, ne
soupçonne seulement pas, et que, ne les
soupçonnant pas, elle nie tout simplement.
Le fondateur lui-même du positivisme n'a-
t-il pas dû s'en apercevoir quand, dans la
dernière partie de sa carrière, il a couronné
son œuvre, comme vous le savez, par une re-

ligion de sa façon — et quelle religion! —
dont il s'est institué le grand-prêtre? On aura
donc beau faire! Toutes ces questions que la
science est incapable de résoudre, non seulement nous n'en pouvons pas écarter l'obses-
sion, mais nous le pourrions, que nous ne
le voudrions pas; et nous en voyons autour
de nous la preuve. Spiritisme, occultisme,
magisme, néo - bouddhisme, néo - christianisme, que signifient en effet, Messieurs, toutes ces doctrines, dont la forme a sans doute
quelque chose de bizarre, d'inquiétant, je
dirai de morbide, et qui pourrait devenir aisément dangereux? Vous ne pensez pas, je
l'espère, que j'aie l'intention ici de vous les
prêcher, ni que je méconnaisse combien
il se mêle, au bruit que l'on en fait, de
désir d'étonner et d'attirer à soi l'attention
des bonnes âmes (1). Mais, au lieu de la forme,

(1) Il faut, autant qu'on peut, obliger tout le monde, a dit
le fabuliste, mais il faut toutefois éviter d'être dupe, et je le
répète donc en note : on me ferait de la peine si l'on me soup-
çonnait de quelque complaisance pour le major Olcott, —
c'est bien ainsi, je pense, qu'on l'appelle, — ou pour M<sup>me</sup> Bla-

considérez-en le principe ou le fond ; cher-
chez-en surtout la cause occasionnelle ; et
vous ne la trouverez pas ailleurs que dans
une intime protestation de l'âme contemporaine contre la brutale domination du fait.
Car, de même que, dans l'histoire de la philosophie, on a presque toujours vu l'excès de
l'idéalisme tendre vers le mysticisme et fina-

vastky. Je me défie également de ceux que l'on a nommés
« les décadents du christianisme » ; et je ne ferais pas plus de
cas des élucubratious de M. Karl-Joris Huysmans que des nos-
talgies de feu Baudelaire, si d'ailleurs le premier n'écrivait
beaucoup mieux, d'un style bien plus original et bien plus
« suggestif » que le second. Mais, après cela, puisqu'il existe
aujourd'hui beaucoup plus de « néo chrétiens » ou de « néo
bouddhistes » qu'il n'y en avait aux environs de 1850, ne le
constaterons-nous pas ? ou ne verrons-nous en eux que la
rage de se singulariser ? de nous scandaliser au besoin ? de
se faire de notre étonnement un « moyen de réclame » ? et
plutôt ne reconnaîtrons-nous pas qu'étant trop nombreux
pour qu'il n'y en ait pas parmi eux de sincères, leur état
d'âme est à sa manière une preuve de l'insuffisance du positivisme ? C'est ce que ne savent pas voir les journalistes du
*Siècle*, en général, formés jadis à l'école de l'illustre Havin,
et ceux d'entre eux en particulier qui nous enseignent que
« dans les civilisations basées sur la science, la production
et l'échange, *le grand ressort moral est la concurrence
économique* » !

lement s'y confondre, pareillement, Messieurs,
dans l'histoire des idécs contemporaines, vous
n'auriez entendu parler ni de magisme, ni
d'occultisme, ni de néo-bouddhisme, si la
réaction, depuis quelques années, n'était universelle contre le positivisme et le naturalisme.
On n'en veut plus! Et parce que l'on n'en veut
plus, on cherche tour à tour, et l'on tente
l'un après l'autre tous les moyens de s'y sous-
traire! Et ce qui prouve bien qu'il ne s'agit
pas là d'une mode d'un jour, c'est que, comme
vous l'allez voir, si des hauteurs de la philosophie générale, nous descendons maintenant à
l'application; si nous considérons quelques-
unes des formes les plus concrètes de la pensée; si nous interrogeons la littérature ou
l'art, nous allons retrouver partout et reconnaître les mêmes tendances.

## II

Voici, par exemple, un art, c'est la musique, dont je ne puis, hélas! vous parler

qu'en profane, mais que je ne crois pas tout
à fait innocent, pour le dire en passant, de
cette espèce d'agitation fébrile, d'excitation
sentimentale, et d'affolement intellectuel dont
nous sommes aujourd'hui tous plus ou moins
atteints. Oui, la musique, une certaine musique me paraît une grande corruptrice! et je
vous demande pardon si, pour me faire bien
comprendre, je suis obligé de choisir mes
exemples un peu bas, mais je ne suis jamais
sorti d'un café-concert ou d'un théâtre d'opé-
rette sans ressentir quelque honte, ou quelque humiliation, du genre de plaisir que j'y
avais parfois éprouvé. C'est qu'en effet la musique a un côté purement sensuel, dont les
anciens ont bien connu le pouvoir; — et
quelques-uns de nos compositeurs ne l'ont pas
ignoré (1). Pour nous en convaincre, ne suffi-
rait-il pas au surplus d'observer que, de tous
nos arts, c'est le seul auquel certains animaux
sont manifestement sensibles! et dans ces con-

(1) Voyez sur cette musique F. Nietzsche, dans *le Cas
Wagner.*

ditions nous étonnerons-nous qu'elle remue quelquefois en nous ce qu'il y a de moins noble ou de tout à fait inférieur? Mais préciment, Messieurs, depuis quelques années, l'un des effets du wagnérisme n'a-t-il pas été de dégager de ce fond de sensualité ce que la musique a de plus intellectuel, de plus idéal, et je dirais volontiers de plus métaphysique. Schopenhauer a écrit de belles choses sur cette autre musique (1)! Mais, pour ne pas trop mêler d'Allemands dans notre affaire, je ne sais si je ne préfère à tout ce qu'il en a dit une page du grand idéaliste anglais, Thomas Carlyle, dans un chapitre de son livre sur le *Culte des héros :*

____

(1) *Le Monde comme volonté...* etc., t. III, p. 258, traduction Burdeau : *sur la Métaphysique de la Musique.* « La Musique nous fait pénétrer jusqu'au fond dernier et caché du sentiment exprimé par les mots ou de l'action représentée par l'opéra, elle en dévoile la nature propre et véritable; elle nous découvre l'âme même des événements et des faits... » et plus loin: « La Musique... par son union avec les faits, les personnages, les paroles, devient l'expression de la signification intime de toute l'action et de la nécessité secrète et dernière qui s'y rattache ».

Pour ma part, y dit-il, je trouve une signification considérable dans la vieille distinction
vulgaire, que la poésie est métrique, a une
musique en elle, est un chant... Une pensée
musicale! Que de choses tiennent dans cela!
Une pensée musicale est une pensée parlée
par un esprit qui a pénétré dans le cœur le
plus intime de la chose, qui en a découvert le
plus intime mystère, la mélodie qui. gît ca-
chée en elle, l'intérieure harmonie de cohé-
rence qui est son âme, par qui elle existe et
a droit d'être, ici, en ce monde. Toutes les
plus intimes choses, pouvons-nous dire, sont mé-
lodieuses, s'expriment naturellement en chant.
La signification de « Chant » va loin. Qui est-
ce qui, en mots logiques, peut exprimer l'effet
que la musique fait sur nous? Une sorte d'inar-
ticulée et insondable parole, qui nous amène
au bord de l'infini et nous y laisse quelques
moments plonger le regard.

C'est en 1840, Messieurs, que Carlyle
écrivait cette page; et si Richard Wagner
ne l'a peut-être jamais lue, je n'en connais pas une, même de lui, Wagner, qui
nous renseigne mieux sur le caractère

profondément idéaliste de sa réforme musicale. Incorporer l'une à l'autre la musique et la poésie; faire servir la première
à exprimer ce qu'il y a de plus intime et
de plus général à la fois dans les sentiments dont la seconde est toujours une
limitation; s'efforcer ainsi d'obtenir que ni
l'une ni l'autre ne se développe pour elle-
même et ne se satisfasse de sa propre virtuosité, tel a été le principal objet de
Wagner, — si du moins nous en croyons
les plus autorisés de ses commentateurs,
— et non pas du tout d'opérer une révolution dans la musique en tant que musique, mais d'en mettre les moyens au
service d'une conception nouvelle de l'art,
plus haute et plus humaine. Il me faudrait
être ici, Messieurs, pour me faire entendre, le musicien que je ne suis pas; et je
ne puis vous donner que des indications
trop sommaires et bien insuffisantes. Mais
c'est assez pour notre objet si vous voyez
que, dans l'Europe entière, on peut dire

du triomphe définitif du wagnérisme qu'il
est une victoire de l'idéalisme. Sous l'en-
veloppe extérieure, et par delà les mani-
festations du geste ou de la parole même,
Wagner a cru que la musique, pénétrant
plus profondément dans l'essence des choses,
en pourrait vraiment saisir l'âme ; et il ne
m'appartient pas, je le répète encore une
fois, de juger ni d'examiner dans quelle mesure il y a réussi ; mais ce que je sais très
bien, c'est qu'il n'y a rien de moins sensuel
que cette conception de la musique, ni rien
de moins naturaliste que cette conception de
« l'art de l'avenir » ; et c'est tout ce que
je voulais mettre en lumière (1).

Si j'y avais réussi, vous apercevriez en
même temps le rapport du wagnérisme
avec ce que l'on a chez nous appelé le
*symbolisme*. Nos symbolistes, eux aussi,
sont des idéalistes et, de tous les reproches qu'ils ont adressés aux Parnassiens,

(1) Voyez le livre de M. Houston Stewart Chamberlain,
*Richard Wagner*, Munich, 1896, Bruckmann.

leurs prédécesseurs, je ne crois pas qu'il y
en ait sur lequel ils soient plus souvent
revenus que celui de s'être formé de leur
art à tous une idée trop naturaliste ou
trop matérialiste. Les vers eux-mêmes de
Leconte de Lisle leur ont paru, non pas
précisément trop parfaits, si vous le voulez, mais pourtant trop achevés de forme,
trop pleins, trop denses, trop arrêtés en
leur contour, et, dans l'un et l'autre sens
du mot, des vers trop *définitifs* : j'entends
par là des vers d'une beauté trop impersonnelle; et des vers dont la précision gêne
et comme emprisonne la liberté du rêve
et de l'imagination. Il y a du vrai dans cette
critique et, comme Taine, comme Flaubert,
comme en un autre art votre compatriote
Courbet, il n'est pas douteux que Leconte
de Lisle ait subi profondément, entre 1850 et
1860, l'influence du naturalisme ou du positivisme ambiant (1). Mais quand ils exagèrent

(1) C'est ce que j'ai développé dans les dernières leçons

la vérité du reproche, si les symbolistes en ont bien le droit, eux qui veulent faire autre chose que Leconte de Lisle, nous ne l'avons pas, nous qui parlons en historiens; et il nous faut ici rappeler ce qu'ils oublient, à savoir que l'esthétique parnassienne a eu sa raison d'être à son heure et, par conséquent, sa légitimité dans l'évolution de l'art contemporain.

C'est ce que je voudrais vous montrer dans l'exemple d'un seul homme, qui, parce qu'il était auteur dramatique, — et à ce titre obligé, comme ils le sont tous un peu, de suivre la mode, quand il leur faudrait pour cela l'inventer quelquefois eux-mêmes, — a tout naturellement passé, sans presque s'en apercevoir, en moins de trente ans, du naturalisme de son *Demi-Monde* au symbolisme et à l'idéalisme de sa *Femme de Claude* et de son *Étrangère* :

de mon *Évolution de la poésie Lyrique*, t. II, et particulièrement dans la douzième : *La Renaissance du Naturalisme*, 113, 149.

j'ai nommé Alexandre Dumas. On a dit, de
son premier drame : *la Dame aux camélias*,
qu'il était dans l'histoire du théâtre contemporain une date peut-être aussi considérable qu'*Hernani*. Voudrez-vous le croire
à Besançon? Et cependant on a eu raison.
Non pas qu'à première apparence *la Dame
aux camélias* diffère bien profondément
d'une comédie de Scribe ou d'un mélodrame
du vieux Dumas, le père; et, d'autre part,
il y a sûrement peu de sujets plus romantiques au monde que celui de la courtisane réhabilitée par l'amour. Mais où paraît la nouveauté, c'est dans la condition
du personnage principal, qui n'est ni
Marion Delorme, ni Lélia, ni Clorinde,
mais Marguerite Gautier, la courtisane
professionnelle, qui s'était appelée Alphon-
sine Plessis, qui n'était pas morte encore
depuis dix ans, dont on pouvait aller au
cimetière Montmartre visiter le tombeau.
Ce qui était nouveau, c'étaient le choix
des épisodes, et celui des accessoires, si je

puis ainsi dire; c'en étaient la fidélité d'imitation, l'accent de réalité, la ressemblance avec la vie contemporaine; c'en étaient les caractères; et c'en était enfin le style, — où abondaient sans doute les mots d'auteur, presque de vaudevilliste, — mais dont l'allure n'en rappelait pas moins la conversation ordinaire des milieux très réels où fréquentait alors l'auteur. On y retrouvait l'accent du boulevard — qui de tous les accents de France n'est assurément pas le plus pur ni le plus harmonieux, — mais qui n'a rien que de très réaliste. Point de thèse avec cela, non plus que dans *Diane de Lys*, que dans le *Demi-Monde*, que dans la *Question d'argent*, que dans *Un père prodigue*. Et pour tous ces motifs, jusqu'aux environs de 1860, dans les données générales du théâtre de Scribe, et de celui de son propre père, s'il y a eu un théâtre que l'on puisse appeler réaliste ou naturaliste, c'est celui d'Alexandre Dumas (1).

(1) Le « correspondant parisien » de la *Gazette de Lau-*

Le temps cependant continuait de mar-
cher; les idées se modifiaient; et ni le

*sanne* écrivait à ce sujet, sous la date du 17 février : « Cette
façon de concevoir l'œuvre dramatique de Dumas *est au
moins surprenante*. Jamais nous n'avions eu l'idée qu'elle
pût, suivant les années, avoir appartenu à deux écoles aussi
opposées » ! Mais ce qui est bien plus surprenant encore,
c'est la surprise du correspondant de la *Gazette de Lausanne ;* et je ne sais si je dois être heureux ou confus de
l'avoir provoquée ; mais il faut qu'il ne connaisse ni le théâtre
de Dumas ni, — ce qui est ici bien plus important, — l'idée que
les contemporains se sont formée du *Demi-Monde* et du *Fils
naturel*, ou de *la Femme de Claude* et de *l'Étrangère*, à leur
première apparition. S'étonnera-t-il aussi de me voir insister
sur ce point ?

Que « le relèvement de Marguerite Gautier par l'amour ne
puisse être appelé du naturalisme », je le veux donc bien, et
même je croyais l'avoir dit, dans le texte même de la conférence, en disant « qu'il y a peu de sujets plus romantiques
au monde ». N'ai-je pas dit également que je retrouvais
encore dans *la Dame aux Camélias* les procédés ordinaires
de la comédie de Scribe, et du mélodrame du premier Dumas ?
Mais pour établir après cela que, dans la *Dame aux Camélias* elle-même, — et à plus forte raison dans le *Demi-Monde*
ou dans le *Fils naturel*, — ce que les contemporains ont vu,
c'est bien l'avènement de la comédie réaliste, je n'ai qu'à rele-
ver quelques passages d'un article de J. J. Weiss, dans la *Revue contemporaine* du 15 août 1858 : « M. Alexandre Dumas
fils, y disait-il, *à qui nous devons la haute comédie réaliste*,
a réussi, c'est le grand mot... » Il examinait alors les romans de
Dumas, qu'il trouvait conformes à la liberté de l'esthétique ro-

7

naturalisme ni le positivisme ne cessaient
de régner, mais on commençait à se sen-

mantique; il s'en étonnait; il se demandait : « Comment a-t-il
pu arriver qu'un romancier qui s'abandonne ainsi à toutes
les bizarreries de l'imagination... devînt au théâtre le héros
d'une école *dont la prétention spéciale est de bien observer,
de reproduire sans choix et sans gré tout ce que fournit
l'observation, de rejeter tout ce qui émane d'une autre
source, et d'interdire à l'artiste de s'élever au-dessus de la*
copie mécanique... » Et là-dessus, pour qu'on n'en ignorât, il
intitulait tout un long chapitre : *Des comédies de M. Dumas
fils et du réalisme au théâtre.*

Que répondra le correspondant parisien de la *Gazette de
Lausanne?* Qu'il ne partage pas l'opinion de J. J. Weiss? Et
assurément c'est son droit. Mais ce qui ne l'est pas, c'est de
nier qu'entre 1850 et 1858, les comédies d'Alexandre Dumas
aient marqué « l'avènement du Réalisme au théâtre » ; et c'est
tout ce que j'ai voulu dire ; et il me semble bien que c'est
tout ce que j'ai dit.

Mais pour achever de dissiper les doutes, je reproduirai
la définition que, dans le même article, et à l'occasion du
théâtre de Dumas, Weiss donnait du réalisme. « Se passer
de goût, disait-il, n'avoir point d'esprit ou l'avoir vulgaire ;
ne garder de ce qui constitue l'art que la partie élémentaire,
l'observation, et n'observer que ce qui s'observe d'instinct
et sans qu'on le veuille, les surfaces; mettre les signes à la
place des sentimens; reproduire des gestes pour se dispenser
d'être un interprète de l'âme; manquer la poésie là où elle
naît elle-même de la réalité, voilà jusqu'à présent le plus
clair des théories nouvelles en littérature ». On ne saurait,
je pense, parler plus nettement, et, pour les contemporains,

tir impatient du poids de leur domination.
Sans modifier ses procédés, Dumas lui-

le caractère des premières comédies de Dumas a bien été celui
que dans un autre article, sur *la Littérature brutale*, le
même Weiss rapprochait du caractère des romans de Flaubert et des vers de Charles Baudelaire.

Si je faisais une étude sur le *Théâtre d'Alexandre Dumas*,
c'est ici que je montrerais, dans son *Ami des femmes*, ce que
j'appellerais volontiers le combat de sa seconde manière
naissante contre la première, dont on dirait qu'il commence
à reconnaître lui-même ou à soupçonner la vulgarité. Mais
ce n'en est pas le lieu, dans une note explicative ; et puisque le correspondant parisien de la *Gazette de Lausanne*
me demande ce que je vois d'idéalisme dans la *Femme de
Claude* ou dans l'*Étrangère*, je me hâte de le lui dire, ou,
— ce qui vaudra mieux, — de le lui faire dire par Dumas
lui-même.

« Il y a longtemps que je me suis préoccupé de l'absorption
du masculin par le féminin, de l'homme par la femme, de la
force et du droit par la passion. La bête aux sept cornes
dorées dont l'haleine grise et empoisonne, élargit chaque
jour le cercle de ses mouvemens..... Pour peu que son influence dure encore et se propage, nous ne serons plus, nous
et nos institutions, que des momies... C'est là que nous en
sommes... Or, de ce déclassement fondamental dérivent un
nombre infini de déclassemens douloureux et désastreux. L'objet de nos efforts s'impose donc avec évidence : il s'agit de
rétablir l'ordre, de remettre en sa place ce qui n'y est pas. »
Et à la vérité, ces lignes ne sont pas de lui, mais il les a
faites siennes, en les reproduisant dans la préface de l'*Étrangère* et en les faisant suivre de ces mots : « L'auteur de l'ar-

même avait donné, parmi ses autres drames, son *Fils naturel*, — qui n'était après
tout que l'expression d'une rancune personnelle contre la société, — et il avait

ticle, — M. de Fourcaud, — avait si bien vu et si bien dit ce
que j'avais voulu dire, qu'en écrivant la vraie préface de l'*É-
trangère*, je ne pouvais pas ne pas citer une partie de la
sienne, d'abord parce que j'y trouvais une excellente formule
de ma pensée personnelle, et ensuite..... »

Que répondra encore le correspondant parisien de la *Gazette de Lausanne?* Tout ce qu'il voudra! Mais, comme en
lui laissant toute liberté de discuter les « moyens » de l'*É-
trangère*, personne sans doute ne lui accordera qu'il ait
mieux connu que Dumas lui-même les « intentions » de Dumas écrivant son mélodrame, ou sa comédie, je n'en demande pas davantage. Dumas a voulu que son *Étrangère*
eût une portée ou une signification qui passât l'intérêt de
curiosité qu'elle pouvait d'abord provoquer; il a voulu
qu'après avoir diverti son œuvre fît penser; et il a voulu
enfin subordonner les moyens propres de son art à une *idée*
dont ils ne fussent que l'expression. C'est justement ce que
j'appelle de l'*Idéalisme*, conformément à la définition que
j'en ai posée dans la présente conférence.

Oserai-je maintenant conseiller au correspondant parisien de la *Gazette de Lausanne*, une autre fois, de
triompher plus modestement des paradoxes qu'il prête
lui-même aux gens? de s'informer plus exactement des choses dont il veut parler? et quelque opinion qu'il ait, sur quelque sujet que ce soit, de trouver moins « surprenant » qu'on
ne la partage pas? J'admire, en vérité, l'assurance de nos

conçu l'idée d'un théâtre nouveau, dont les *Idées de Madame Aubray* sont la pièce la plus caractéristique. Mais, bien plus caractéristiques, bien plus significatives encore sont les *Préfaces* qu'il écrivait alors, en 1867 et en 1868, celle du *Fils naturel*, entre autres, dont je détache le passage suivant :

Le théâtre n'est pas un but, ce n'est qu'un moyen. L'homme moral est déterminé, l'homme social reste à faire. Par la comédie, par la tragédie, par le drame, par la bouffonnerie, dans la forme qui nous conviendra le mieux, inaugurons donc le théâtre utile, au risque d'entendre crier les apôtres de l'art pour l'art, trois mots absolument vides de sens. Toute littérature qui n'a pas en vue la perfectibilité, la moralisation, l'idéal, l'utile en un mot, est une littérature rachitique et malsaine. *La reproduction pure et simple des faits et des hommes n'est qu'un travail de greffier et de photographe.*

journalistes, et le ton de décision ou d'autorité qu'ils prennent pour trancher les questions dont ils ne connaissaient pas seulement l'existence avant que l'*actualité* les leur eût révélées !

7.

Voilà, n'est-ce pas? qui est, comme je le disais, assez significatif déjà; mais un autre passage de la même *Préface* me semble l'être plus encore, et le voici :

La vieille société s'écroule de toutes parts; toutes les lois originelles, toutes les institutions fondamentales sont remises en question... L'homme ne se retrouve plus dans ce qu'il était jadis, il se cherche avec curiosité, avec désespoir, avec ironie, avec terreur. Il traverse une de ces nuits de l'âme... immenses, éternelles au premier aspect... Poltron, il chante à tue-tête, croyant donner le change à celui qui l'écoute et le regarde passer dans l'ombre, mais il pressent, malgré tout, une destinée autre, et distingue par moments, au-dessus de l'horizon, une lueur vague, qui lui rend à de certaines heures la terre transparente.

Qu'il y ait là, Messieurs, beaucoup de romantisme, je ne le nierai point; et la phraséologie du père, quand il essayait de se hausser jusqu'au style, reparaît ici dans la prose du fils! En ce temps-là, d'ailleurs, le succès récent encore des *Misérables;* celui de George

Sand, — dans cette dernière manière dont *le
Marquis de Villemer* est le chef-d'œuvre ; — le
succès des *Comédies* de Musset, qui n'ont ja
mais été plus souvent ni mieux jouées, tout
cela rendait au romantisme comme un reflet
de sa brillante jeunesse. Mais n'était-ce pas
aussi le signe que l'on commençait à se las-
ser du réalisme ?

Ai-je besoin maintenant de vous rappeler
que Dumas n'en est pas resté là ? et ne con-
naissez-vous pas tous la *Femme de Claude*
ou *l'Étrangère ?* En vérité, non seulement, —
parce que l'auteur n'y fait servir les moyens
habituels de son art qu'à discuter des idées
qui n'ont rien de particulièrement dramatique, — ce sont des comédies ou des drames
idéalistes, mais on pourrait dire que ce sont
déjà des drames symboliques ou symbolistes ;
et, aussi bien, ne l'a-t-on pas assez dit et redit
quand on les opposait, tout récemment encore, aux drames d'Ibsen : *le Canard sauvage*
ou *Maison de poupée ?* Je ne veux point ins-
tituer ici de parallèle ni même de comparai-

son sommaire entre le Norvégien et le Français. Mais si nous concevons un théâtre qui ne soit pas à soi-même son but; qui se propose un tout autre objet « que la reproduction pure et simple des faits et des hommes »; et qui, bien loin d'imiter enfin la nature ou la société, se propose de leur montrer la réalité de ce qu'elles sont sous le brillant de leurs apparences, ou l'image de ce qu'elles devraient être, ne sera-ce pas le théâtre d'Alexandre Dumas (1)? C'est ainsi, comme je vous le disais, que, dans la rapide carrière d'un seul homme, qui n'a été qu'auteur dramatique et à peine une ou deux fois romancier, nous pouvons suivre comme en raccourci toute une évolution du goût et des idées littéraires. *Corsi e ricorsi,* tours et retours, action et réaction, comme disait Vico. La première moi-

---

(1) J'ai tâché de montrer, — dans mes *Époques du théâtre français,* — que, par une rencontre assez imprévue des deux parts, les défauts que les uns reprochent et les qualités dont les autres font honneur à la comédie de Scribe, se ramenaient essentiellement à l'erreur ou au mérite d'avoir fait au théâtre « de l'art pour l'art ».

tié du siècle avait évolué du romantisme au naturalisme ; la seconde a évolué, elle évolue présentement du naturalisme à l'idéalisme, et, l'évolution étant plus lente, il y a lieu de croire que les résultats en seront plus durables.

Mais le roman a son tour, Messieurs, ne pensez-vous pas, ou plutôt ne savez-vous pas que, si nous l'interrogions, il nous rendrait aussi, lui, le même témoignage ? Si nos jeunes poètes adressent à nos Parnassiens les reproches que je vous ai rappelés, ce sont les mêmes, vous le savez, que nos jeunes romanciers adressent aux maîtres du naturalisme ; et, comme les poètes, je sais bien, qu'en dépit d'eux, ces jeunes gens subissent encore l'influence de l'esthétique qu'ils ont en horreur, mais j'espère qu'enfin ils réussiront à s'en dégager. Si je n'insiste pas plus longuement, c'est que j'ai dit autrefois tout ce que j'avais à dire du naturalisme en général, et de M. Zola en particulier (1). Et puis, Messieurs, comme je ne vou-

_____

(1) Ajoutez que je ne nie pas qu'à son heure le « natu-

drais pas abuser de votre bienveillance, j'ai
hâte d'achever ma démonstration en vous faisant voir dans la fortune actuelle de l'art
qui d'abord semble parler le plus directement aux sens, — c'est la peinture, — une

ralisme » ait eu sa raison d'être. Weiss écrivait encore à ce
propos, dans l'article que nous avons déjà deux fois cité :
« Si le réalisme ne se proposait que de rétablir le juste rapport des idées et du langage avec les objets, nous se-
rions réalistes. Si le goût du positif ne renaissait dans les
esprits que pour en bannir les illusions dangereuses, pour
y ranimer avec le sentiment des réalités sévères de la vie le
sentiment et le respect des devoirs qu'elle impose, nous ap-
plaudirions sans réserve..... Ce respect des devoirs vulgai-
res et ce ferme bon sens ne seraient en effet qu'une forme
de l'idéal, la plus austère et la plus relevée. » Mais, hélas!
qui ne le sait, ce n'est pas précisément là ce qu'ont opéré
chez nous le « réalisme » ou le « naturalisme »; et *Madame
Bovary* peut bien d'ailleurs avoir toute sorte de mérites;
elle n'a pas celui d'insinuer « le respect des devoirs vul-
gaires » et le « sentiment des réalités sévères de la vie. »
Nous en dirons autant de *Pot Bouille* et de *la Fille Élisa.*
Quant à « rétablir le juste rapport des idées et du langage
avec les objets » le naturalisme contemporain se l'est peut-
être proposé, mais je ne trouve pas qu'il y ait réussi, chez
nous du moins, et au contraire, dix ou douze ans durant,
ce que pour ma part je lui ai le plus vivement reproché,
c'est d'avoir lui-même compromis, par les exagérations de
sa rhétorique, ce qu'il y avait de vérité dans son principe.

autre preuve encore des progrès de l'idéalisme.

Quel est le maître, en effet, que la jeunesse
acclame aujourd'hui? c'est le peintre de
*Sainte Geneviève* et de l'*Hémicycle de la Sor-*
*bonne,* c'est le peintre de l'*Hiver* et de l'*Été;*
ce n'est plus l'ombre de Courbet, votre compatriote, ni celle de Manet, son émule; c'est
M. Puvis de Chavannes. L'année dernière, presque à pareille époque, — et dans un banquet
où nous étions presque aussi nombreux qu'au
banquet de Saint-Mandé, — je le félicitais d'a-
voir « aéré » la peinture contemporaine (1)

(1) Je reproduis ici ce discours :
« Je voudrais, avant tout, non pas vous louer ni vous féli-
citer mais vous remercier d'avoir « aéré » la peinture. On
respire dans votre œuvre, à l'ombre de vos bois sacrés; l'air
circule à flots dans vos plaines ; des souffles mystérieux, cares-
sants et légers y soulèvent, y élèvent, y soutiennent l'imagination de vos admirateurs à la hauteur de votre rêve de
grâce et ¨e beauté. Comment rendrai-je, avec des mots,
cette impression si particulière et si neuve que vous nous
avez seul donnée? Peintre de la Provence ou de la Norman-
die, évocateur également inspiré du plus lointain passé de
notre race ou des plus secrètes harmonies de la terre na-
tale, tout ce que l'art du paysage a, dans notre temps, réalisé

et, avec l'air, d'y avoir fait entrer ou rentrer une aisance et une liberté perdues. Me permettrez-vous de redire aujourd'hui quelque chose

de conquêtes durables, vous vous en êtes emparé, comme de votre bien, pour en faire l'âme fluide et diffuse de la peinture monumentale. Sans autre artifice que celui de la simplicité, vous nous avez donné la sensation de ces rapports subtils qui font de l'être humain la créature de son milieu, l'expression du sol, des airs et des eaux ; vous avez fixé l'impalpable. Et plus heureux que les philosophes eux-mêmes, qui continuent toujours de disserter sur la nature de l'*espace*, vous, vous l'avez su peindre.

La forme et la couleur en ont aussitôt pris dans votre œuvre une signification et une portée nouvelles. Vous ne leur avez point attribué de valeur « symbolique » ; vous n'avez point essayé de leur faire parler une langue dont elles ne sont point l'alphabet ; vous n'avez point vu d'énigme dans le bleu, ni cherché de mystère dans le rouge. Mais si la couleur et la forme, en raison même du pouvoir de séduction qu'elles exercent sur nos sens, ont quelque chose de trop matériel parfois, vous les avez « spiritualisées. »

En subordonnant la signification de la forme aux exigences de la pensée, vous l'avez simplifiée. Vous avez atténué ce que l'éclat de la couleur a souvent de trop aveuglant, ou de trop brutal même, pour des yeux un peu délicats. Vos compositions se sont ainsi peuplées et animées de figures idéales qui toutes exprimaient un fragment de votre pensée. N'est-ce pas dire que les sens ne vous ont jamais servi que d'intermédiaires? Vous les avez comme épurés, ou, en d'autres termes encore, c'est à l'esprit que vous avez voulu sur-

de plus, et pourtant de semblable ? La com-
position ou l'idée, voilà, qu'on le sache ou
non, ce que l'on admire et ce que l'on aime

tout vous adresser; et qu'y a-t-il d'étonnant si c'est aussi
l'esprit qui vous a répondu?

Car il me faut bien ajouter un dernier mot : en aérant et en
spiritualisant la peinture, vous l'avez « poétisée ». Elle était
devenue quelque peu prosaïque, vers le milieu du siècle où
nous sommes, et, je ne sais sous quelle influence, on eût dit
qu'elle avait renié ses plus nobles ambitions. L'imitation de
la nature, qui en est l'indispensable commencement, sem-
blait en être devenue, non seulement la fin, mais le tout.
Vous n'avez pas protesté contre l'étroitesse de cette leçon :
telle n'est pas votre manière, et votre modestie a égalé votre génie. Mais, vous avez demandé à la nature le secret des
harmonies enchanteresses qu'elle compose avec des éléments
quelquefois si grossiers; vous vous en êtes rendu pleine-
ment maître; et quand vous l'avez été, vous l'avez réduite
au rôle d'interprète de l'idéal que vous trouviez en vous.
*Ludus pro patria*, le *Bois sacré cher aux muses, Inter
artes et naturam*, l'hémicycle de la Sorbonne, toutes ces
belles allégories n'ont connu qu'en vous leur modèle. Elles
sont bien à vous, parce qu'elles sont bien de vous.

La nature ne vous a fourni qu'une matière ou qu'un pré•
texte; c'est vous qui avez fait le reste; et le reste. n'est-ce
pas tout ce que nous nommons du nom de poésie? je veux
dire : le pouvoir d'évoquer des visions qui réjouissent et qui
purifient les yeux des hommes; par le moyen de ces visions,
le pouvoir de nous suggérer des rêves qui s'achèvent en
pensées; et le pouvoir enfin, sur les ailes de ces pensées,

dans ces belles pages : *Inter artes et naturam,
Ludus pro patria, le Bois sacré cher aux Muses;* et si, d'ailleurs, nous tenons compte du

de nous enlever aux soucis de la vie présente et aux préoccupations de la réalité.

Et c'est pourquoi, cher et illustre maitre, de tous les points de l'horizon, nous sommes accourus ce soir en foule autour de vous. Par tous vos chefs-d'œuvre, si vous appartenez à l'histoire de votre art, vous n'appartenez pas moins — et je viens d'essayer d'en dire quelques-unes des raisons — à l'histoire des idées de ce siècle. Beaucoup de choses que l'on avait crues mortes, qu'en tout cas on avait bruyamment enterrées, pour se donner peut-être l'illusion de leur mort, vous leur êtes silencieusement, mais obstinément demeuré fidèle, et maintenant qu'on les voit revivre, c'est maintenant aussi que commence de nous apparaître, dans sa plénitude et dans son étendue, la vraie signification de votre œuvre. Vous n'avez donc pas pensé que l'objet de l'art fût de faire éclater la virtuosité de l'artiste ni surtout de flatter la mode, et d'achever de la corrompre en lui obéissant. Vous n'avez pas cru davantage que son rôle fût de se faire le miroir de la nature et d'exciter notre admiration, selon le mot célèbre, par l'imitation de choses dont nous n'admirons point les originaux. Mais, portant plus haut vos regards, vous lui avez donné la sincérité pour objet et pour loi. Sachant bien que le peintre, comme le poète, a vraiment charge d'âmes, vous avez fait exprimer à vos compositions ce que nous appelons des idées. Par la douceur et par la beauté de votre imagination vous avez versé l'apaisement dans les

temps écoulé, de la différence des milieux et des tempéraments, de ce que la technique a fait de progrès depuis lors, c'est, Messieurs, ce que nous n'avions pas vu depuis l'illustre Nicolas Poussin. On l'appelait, vous le savez, le plus « philosophe » des peintres, et en effet il méritait ce nom. Dirai-je qu'il y a aussi de la « philosophie » dans la peinture de M. Puvis de Chavannes? Mais en tout cas, je puis lui appliquer un mot d'un autre peintre et dire à son propos que, si la « pensée, quand elle prétend s'introduire dans les petites toiles, les rapetisse », et en fait des anecdotes plus ou moins habilement coloriées, il n'y a pas de grande peinture sans pensée, j'entends sans quelque chose qui dépasse l'imitation de la nature et de l'histoire et qui se les subordonne. Un biographe de M. Puvis de Chavannes écri-

cœurs. Vons avez rendu l'art à la dignité de sa fonction ou de sa mission sociale... Ce sont là de grandes choses; et je ne crains pas que personne me démente, si je dis qu'elles vous assurent, dès à présent, dans l'avenir, avec le titre, le rang, et la gloire de l'un des maîtres de la peinture, ceux aussi d'un bienfaiteur de votre temps et de l'humanité.

vait récemment, à propos de sa *Sainte Gene-viève :*

Les costumes de tous ces personnages sont-ils bien ceux des paysans des environs de Paris, au temps où vivait sainte Geneviève? Saint Germain et saint Loup portent-ils des chasubles, des mitres et des crosses d'une exactitude contrôlée par l'archéologie? Pourquoi en avoir souci?... Avant de peindre son Polyptyque du Panthéon, Puvis de Chavannes n'a lu ni les bollandistes, ni la *Gallia christiana,* ni Augustin Thierry, ni Michelet, ni Monteil; il n'a pas songé à visiter les musées de Cluny, de Saint-Germain, de Troyes. La nature vivante lui a suffi comme source d'inspiration et comme document. Il est allé un jour dans la plaine de Nanterre pour s'en mettre dans les yeux l'atmosphère et le paysage... puis il est venu s'enfermer dans son atelier de Neuilly, ne de-mandant qu'à la représentation sévère de l'hu-manité, d'après le modèle, le secret de la vie dont son œuvre est remplie (1).

A la « représentation de l'humanité », je

_____

(1) M. Marius Vachon, *Puvis de Chavannes.*

le veux bien, Messieurs, et « d'après le modèle », je n'en doute pas davantage ; mais
bien plus encore, j'ose le dire, à la médita-
tion intérieure, et à l'harmonie des détails
avec l'idée que le peintre s'était formée de
l'ensemble et de la signification poétique de
son sujet. Et voyez la conséquence! Ce que
nous avons dit tout à l'heure qu'un autre
avait fait pour la musique, d'en dégager,
comme du milieu de ces combinaisons de
sons qui n'étaient qu'une caresse ou un amu-
sement pour l'oreille, ce que la musique a
de plus intellectuel, M. Puvis de Chavannes
l'a fait dans la peinture contemporaine, et,
du milieu de ces jeux de couleurs qui sont
plus que la joie, qui sont la volupté des
yeux, il en a dégagé l'élément idéal de la
peinture. Avez-vous en effet remarqué, Messieurs, que presque toutes ses grandes œuvres
sont des allégories (1)? et qu'ainsi de toutes

(1) C'est qu'en effet, on aura beau dire, on ne fera pas
que, de même que le « Symbolisme » sera toujours le fond
de toute poésie vraiment digne de ce nom, ainsi, en peinture

8.

les formes de l'art, par une étrange ironie de
la fortune, c'est donc celle qu'on a trouvée si
longtemps la plus surannée, que le plus mo-
derne de nos peintres a rajeunie, renouvelée,
remise parmi nous en honneur? C'est qu'il l'a
lui-même animée de sa vie ou de sa pensée.
Mais, surtout, c'est qu'il a compris que,
comme Dumas nous le disait tout à l'heure
du théâtre, et Wagner de la musique, l'imitation de la nature ne saurait être le terme
de l'art de peindre et que, pour admirer selon le mot de Pascal ces « imitations de choses
dont nous n'admirons pas les originaux », il
faut que la pensée de l'artiste ait démêlé en
elles quelque chose de caché, d'intime, et
d'ultérieur, que n'y discernait pas le regard
du vulgaire.

et en sculpture « l'allégorie » ne soit toujours la forme pré-
férée du grand art. *L'École d'Athènes* et le *Jugement dernier* sont-ils autre chose que des « allégories »? Voyez à ce
sujet, dans le beau livre de John Addington Symonds : *Renaissance in Italy*, le premier chapitre des deux volumes
qu'il a consacrés aux *Beaux-Arts*.

## III

Ainsi, Messieurs, vous le voyez, partout, dans tous les arts, même dans ceux dont les moyens, dont les procédés demeurent comme engagés encore dans la matière et ne sauraient jamais s'en affranchir, — que serait-ce en effet que la peinture, si les séductions de la forme et de la couleur n'en étaient pas le premier attrait (1)? — même en peinture, nous assistons à une renaissance de l'idéalisme. Mais ce qui vous paraîtra plus paradoxal encore, ce sera si j'essaye de vous montrer la

(1) Il est très évident que l'*idéalisme* ne saurait consister en peinture à spiritualiser la couleur jusqu'à la faire évanouir ni, si j'ose ainsi dire, à « sublimer » le dessin jusqu'à le supprimer. C'est ce que n'ont pas toujours bien compris, quant à eux, les imitateurs de M. Puvis de Chavannes, et ce grand maître, comme tous les maîtres, aura fait quelques mauvais copistes. L'idéal n'est pas « l'irréel », encore bien moins le « fantomatique »; et nous n'avons garde ici de plaider la cause de ces esthètes ou de ces dilettantes qui s'en vont célébrant dans les primitifs de la Flandre ou de l'Ombrie leur gaucherie même, l'enfance, et les premiers balbutiements de l'art.

même renaissance jusque dans la politique;
et j'avoue qu'il faut commencer pour cela
par écarter les apparences qui nous mas-
quent la réalité du mouvement.

Convenons-en donc d'abord : ce ne sont
pas les idées qui semblent aujourd'hui gou-
verner notre politique; ce ne sont pas même
les grands intérêts, — les intérêts généraux,
l'intérêt de la grandeur ou de la prospérité
nationale, — mais des intérêts particuliers,
des appétits et des convoitises. Oui, la scène
politique, et nos Chambres elles-mêmes, sont
encore, sont toujours, depuis vingt-cinq ans,
encombrées de vieux hommes, dont on peut
bien dire que, depuis vingt-cinq ans, ils
n'ont rien oublié ni surtout rien appris. Contemporains d'Homais, l'immortel pharmacien
de *Madame Bovary*, lequel était lui-même,
en 1858, contemporain déjà d'un autre âge;
fermes et comme immobilisés dans leur into-
lérance; contents d'eux-mêmes et portant partout avec eux un air de suffisance et de supériorité, ils ne se doutent pas que tout a changé

depuis vingt-cinq ans autour d'eux, et qu'ils
ne sont plus parmi nous que les représentants
d'une espèce bientôt à jamais disparue, les
fossiles de l'anticléricalisme (1), le corps
mort de la République, et le véritable obs-

(1) Un rédacteur du *Siècle*, après m'avoir reproché, —
comme il convenait à un journal dont le nom seul est
synonyme d'élévation d'esprit, de distinction de style, et de
courtoisie dans la discussion — « le défaut de connaissance du
sujet que j'ai voulu traiter dans cette conférence, le vide
absolu des idées, et une rare vulgarité de vues », s'est demandé ce que pouvaient bien m'avoir fait les députés, « et
en particulier les députés républicains », pour que j'eusse
l'audace de les traiter ainsi de Homais, d'intolérans, de re-
présentans d'une espèce bientôt à jamais disparue, de fossiles, et le reste? Mais ils ne m'ont rien fait, rien du tout,
j'entends rien de personnel, et je ne leur en veux, comme
au *Siècle* lui-même, que de retarder de vingt-cinq ou trente
ans sur leur temps. On ne peut pas « être » et « avoir été »,
dit un commun proverbe; et c'est pourquoi, fidèle à la chro-
nologie, je ne les ai point traités de Bouvard ou de Pécuchet, mais de Homais, parce qu'enfin Bouvard et Pécuchet ne
laissent pas d'avoir eu des curiosités, ou même des doutes,
qui n'ont jamais effleuré l'imperturbable assurance d'Homais.
J'en trouverais la preuve au besoin dans l'article du *Siècle*,
où, conformément à *la Morale de la concurrence*, on
veut bien m'enseigner que « l'intérêt, les besoins, les appétits individuels sont le vrai ressort des sociétés, le seul fac-
teur du progrès dans tous les domaines de l'action »; et je
connais fort bien la doctrine, mais je ne croyais pas qu'au-

tacle qui s'oppose au progrès social. Mais,
ce progrès même, — qu'ils célèbrent dans
leurs discours et qui ne consiste pour eux que
dans l'avancement de leurs propres affaires,
— c'est ce progrès même qui les condamne,

cun « économiste » osât encore la professer. On raisonnait
ainsi vers 1860 !

Ce que je reproche à nos députés en général — et « en particulier aux députés républicains », qu'il faut bien qu'on
accuse de n'avoir rien fait, puisque étant le nombre et la
force, eux seuls, depuis vingt ans, eussent pu faire quelque
chose, — c'est donc de raisonner comme on raisonnait alors,
et, tandis qu'autour d'eux tout changeait, d'être toujours ce
qu'ils étaient en 1860. Voilà trente ans maintenant passés
que leur montre marque la même heure, et qu'ils ne semblent pas avoir éprouvé le besoin de la remonter. Bien loin
de les aider à se modifier, leur expérience des hommes, de
la vie, du pouvoir, ne leur a servi qu'à s'ancrer eux-mêmes
plus profondément dans leurs vieilles doctrines. Ils croient
encore, ils croient toujours à la vertu des étiquettes, aux
« bienfaits de l'instruction », à l'esprit de Voltaire, à la poésie de Béranger, à l'éloquence de Garnier-Pagès, aux « dangers du cléricalisme », aux principes de 89, au « progrès des
lumières », à la moralité du théâtre, à la légende des Giron-
dins... Ainsi pensait Homais, d'immortelle mémoire ; et n'ayant
pas à Besançon le temps de le dire plus longuement, c'est
tout ce que j'ai voulu dire, et, grâce à Flaubert, je crois bien
l'avoir dit, si j'en juge par l'empressement que le *Siècle* a
mis à s'en indigner.

ou plutôt qui les a condamnés, et de nouvelles générations les poussent de l'épaule
qui les auront bientôt achevés de renverser.
Et nous, en attendant, si nous les écartons,
si nous leur accordons déjà le bénéfice de
l'oubli dans lequel ils seront bientôt ense-
velis, que voyons-nous, Messieurs? et quelle
est, à votre avis, non seulement chez nous,
mais dans l'Europe entière, la portée du
mouvement socialiste?

J'aborde ici, je le sais bien, une matière
délicate, et pour que vous m'accordiez en re-
tour le droit de la traiter en toute liberté, je
vous déclare avant tout qu'au sens actuel,
au sens politique du mot, je ne suis pas
*socialiste*. Je le regrette, — ou, pour mieux
parler, je regrette que l'abus que l'on a fait
du mot m'empêche de m'en servir; je regrette qu'un mot qui ne devrait être, comme
je le disais dans une récente occasion, qu'on
n'avait inventé que pour être l'antithèse du
mot d'égoïsme et le synonyme de solidarité,
en soit venu jusqu'à ne signifier que haine et

misérable envie; je regrette qu'on l'ait compromis dans de criminelles aventures; et en
d'autres temps, moins troublés, moins confus, où je n'aurais pas risqué d'être mal
compris, j'aurais aimé à me dire socialiste,
mais je ne le suis pas; et de toutes les réformes prochaines dont le socialisme nous
menace, depuis la « nationalisation du sol »
jusqu'à la « désintégration de l'idée de patrie », je n'en admets aucune. Mais, après
tout cela, Messieurs, comme ces réformes, ou
d'autres encore, ne sont qu'une expression
variable et transitoire de la doctrine, croyez
bien et rendez-vous compte que, s'il se dis-
simule sous son nom plus d'un sentiment
méprisable, la vraie force du socialisme, qui
la rend redoutable, et dont nous ne saurions
triompher qu'en lui opposant une force de la
même nature, c'est d'être un idéalisme (1).

(1) On ne se lasserait pas de citer le *Siècle.* « Nous nous
étonnons de ce que les journaux socialistes n'aient pas
reproduit avec éloges la dernière partie de cette conférence, » disait-il le 11 février; et, le 14 février, sous la signa-
ture de M. Yves Guyot lui-même ». M. B. peut être fier

« Nous avons, s'écriait naguère un des chefs du socialisme allemand, nous avons ce qui constitue la force de la religion... la foi

du succès de sa conférence de Besançon auprès des socialistes ». Entend-on bien ce que cela veut dire? Hélas! cela veut dire qu'il n'est permis de penser « qu'en bloc »; et quelque doctrine que l'on discute, cela veut dire que, si quelques vérités s'y trouvent mêlées à beaucoup d'erreurs, on n'a pas le droit de les y voir. Nous avons beau savoir qu'en sociologie, comme en politique, et comme en philosophie, quelque système que l'on essaie de construire, il est ruineux en tant que système, et il n'y en a jamais que les morceaux qui soient bons, on n'en persiste pas moins à rendre responsables du système entier ceux qui n'ont pris la parole ou la plume que pour séparer les vérités qu'il contient des erreurs qui les enveloppent. C'est ce que nous appellerons le grand combat de l'esprit « logique » et de l'esprit « critique ».

M. Guyot s'écrie: « L'idéal du socialisme... c'est la spoliation violente de la richesse acquise par le travail ou conservée par l'épargne des autres »; et d'abord il ne s'aperçoit pas qu'avant d'être celui du *Socialisme*, cet idéal a été celui de cette Révolution qu'en toute circonstance il oppose aux revendications socialistes. La Révolution n'a été dans son principe et dans ses effets immédiats, elle n'a été dans son essence, — comme l'a si bien démontré l'illustre auteur des *Origines de la France contemporaine*, — qu'une « translation de propriété » et, cette translation, ai-je besoin de rappeler de quelles « violences » elle s'est accompagnée? Mais ce que M. Guyot n'a surtout pas vu, c'est combien sa définition de l' « idéal

9

dans la victoire de la justice et de l'idée, la
ferme conviction que le droit doit triompher
et l'injustice avoir un terme... Cette religion

du socialisme » était inexacte, illégitime, et antiscientifique.

1° *Inexacte;* — si, comme je le dis un peu plus loin, on
ne saurait soupçonner le cardinal Manning ou Msr de Ketteler d'avoir jamais rêvé, ni prêché « la spoliation de la richesse acquise par le travail ou conservée par l'épargne des
autres » ; et, parmi plusieurs définitions du *Socialisme,* si je
crois avoir le droit de préférer celle de Msr de Ketteler ou du
cardinal Manning à celle de Karl Marx. Il y a d'ailleurs un
sophisme caché sous l'inexactitude de la définition, M. Guyot
affectant de croire que toute « richesse » est une acquisition
du travail ou un produit de l'épargne, et toute la question
sociale roulant en quelque sorte sur ce point. Les « économistes » prétendent que la « richesse » est le fruit du travail ou de l'épargne; mais les « socialistes » leur répondent
qu'entre tous les moyens d'acquérir la « richesse » l'épargne et le travail sont aujourd'hui les derniers, les moins
rapides, et les moins favorisés. La question est-elle de mé-
diocre importance? et croit-on l'avoir résolue en comparant
l'idéal socialiste à celui « des brigands de grand chemin et
des cambrioleurs de tout genre. »

2° *Illégitime;* — si les définitions des mots qui ont une
étymologie certaine ne sont pas absolument libres, et s'il
importe qu'elles retiennent toujours quelque chose de leur
signification primitive. Je l'ai fait observer bien des fois : il y
a des mots qui ne veulent d'eux-mêmes rien dire, comme le
mot de *Romantisme;* et il y en a, comme le mot de *Natu-*

ne nous fera jamais défaut, — c'est toujours
lui qui parle, — car elle ne fait qu'un avec le
socialisme... Oui, nous avons encore la foi,

*ralisme* dont on ne saurait admettre que le sens devienne
contradictoire à tout ce qu'exprime le mot de *Nature.* C'est
ce que je dirai du mot de *Socialisme.* Qui l'a inventé, de
Louis Reybaud ou de Pierre Leroux? Il semble bien que ce
soit le second, et il ne l'a inventé que pour être, comme
nous le disions, l'antithèse du mot d'*Individualisme.* Aussi,
ce que le mot de *Socialisme* exprime essentiellement, et la
partie de sa définition que l'on n'en saurait jamais exclure,
est-ce l'idée que les droits de la société sont antérieurs à
ceux de l'individu, puisqu'aussi bien ils les fondent. Vau-
venargues a écrit quelque part : « Nous naissons, nous crois-
sons à l'ombre de ces conventions solennelles (qui sont les
lois de la société); nous leur devons la sûreté de notre vie,
la tranquillité qui l'accompagne. Elles sont aussi le seul titre
de nos possessions : dès l'aurore de notre vie nous en re-
cueillons les doux fruits, et nous nous engageons à elles
par des liens toujours plus forts ». Toutes les fois qu'une
doctrine qui se prétendra *Socialiste* s'écartera de cette idée,
nous aurons donc le droit d'essayer de l'y ramener. Et, dès
à présent, au lieu de déclamer, n'est-ce pas ce qu'il faudrait
que l'on s'efforçât de faire, si l'on ne veut pas que, comme
il est arrivé plus d'une fois dans l'histoire, le discrédit d'un
mot ne finisse par entraîner celui de toute une grande doctrine?

3° Et enfin qu'y a-t-il de plus *antiscientifique* que de
définir une théorie quelconque, philosophique ou sociale,
par ce qu'il y a de plus transitoire en elle? Qui donc a dé-

nous savons que nous marchons à la con-
quête du monde (1). » Et je crois, Messieurs,
j'espère qu'il se flattait; mais ce qui est vrai,
et ce qu'il faut lui accorder, pour l'honneur
de l'humanité, c'est que ce n'est pas en faisant appel à leurs appétits que l'on agite,
que l'on remue, que l'on soulève les masses;
ce n'est pas même en leur présentant leurs
véritables intérêts; mais toujours et partout,
fausses ou vraies, bienfaisantes ou redouta-
bles, justes ou dangereuses, ce n'a toujours
été qu'avec des idées.

montré que la « nationalisation du sol » ou la « négation
de l'idée de patrie » fussent des conséquences nécessaires de
l'idée socialiste? ou pourquoi ferait-on du mot de « Socialisme » le synonyme de « Collectivisme »? Quelques socialistes ne sont pas tout le socialisme. Les excès des uns ne
sauraient nous empêcher de reconnaître ce qu'il peut y
avoir de légitime dans les revendications des autres. Et tout
au plus alors, quand on risquerait pour cela de ne plaire ni
aux uns ni aux autres, faudra-t-il prendre ses précautions;
se laisser accuser de « subtilité », si c'est l'accusation que
l'on adresse d'abord à tous ceux qui s'efforcent de conformer leur langage à la complexité des faits; et ne pas plus
se soucier enfin de « l'approbation » des socialistes que des
anathèmes des économistes.

(1) Liebknecht.

C'est aussi bien ce que reconnaissent eux-mêmes les critiques impartiaux du socialisme, je veux dire tous ceux dont la crainte n'a pas comme rétréci et rapetissé les idées. « Quoique nous condamnions le socialisme, écrivait tout récemment l'un d'eux, que nous reconnaissions que les projets de reconstruction sociale, qui menacent de bouleverser la société et qui passionnent les foules, sont le plus souvent des rêves d'esprits malades et *d'idéalistes à qui manque le sens de la réalité;* quoique nous blâmions la conception brutale de la vie qui forme l'idéal de la démocratie sociale, nous sentons qu'en cette masse de contradictions, d'erreurs, d'incertitudes qui forme la base du socialisme, *il y a quelque chose qui résiste à nos critiques.* Si les systèmes du socialisme sont ou faux, ou contradictoires, ou utopiques, *la morale du socialisme est de beaucoup supérieure à celle de ses adversaires.* » Entendons bien ce mot, Messieurs! Il est d'un adversaire; et je l'emprunte à la préface d'un gros livre dont le principal objet n'est juste-

9.

ment que de montrer les contradictions, la fausseté, l'impossibilité de réalisation des systèmes socialistes. Mais, comme l'adversaire est loyal, il ne peut s'empêcher de reconnaître qu'il y a dans le socialisme « quelque chose qui résiste à toutes les critiques »; et ce quelque chose, en admettant que ce ne soit pas précisément la « morale » il faut au moins que ce soit l'«Idée » (1).

(1) Le livre auquel j'emprunte cette série de citations est celui de M. Nitti, traduit de l'italien, et publié par la librairie Guillaumin (1894) sous le titre de : *Le Socialisme Catholique*. Si ce n'est pas peut-être le plus original, c'est assurément le plus « complet », et je crois pouvoir dire le plus « impersonnel », conséquemment le plus « impartial » qu'on ait écrit sur le sujet.

Voyez encore la brochure de M. Charles Périn, le savant professeur de l'université de Louvain, et retenez-en cette déclaration : « S'il plaisait à l'École libérale de qualifier de socialisme toute tentative de faire triompher dans notre monde les vraies lois de la vie sociale, qui sont des lois de charité et de mutuelle assistance autant que de justice, contre le régime pernicieux et trompeur de 1789, nous n'aurions plus aucune raison de repousser cette qualification. »

Quant à la « supériorité de la morale du socialisme sur celle de ses adversaires », on n'aura pour la constater qu'à lire la brochure de M. Guyot : *la Morale de la concurrence*, où cet ancien ministre des travaux publics, s'inspirant

Et comment , Messieurs, s'il en était autre-
ment, nous expliquerions-nous la formation
de ce qu'on a de nos jours appelé « le socialisme catholique »? Oui, s'il n'y avait rien
de juste au fond des revendications du socialisme, s'il n'y avait que haine et qu'envie, que
basses convoitises et qu'appétits déchaînés,
qu'est-ce donc « qui résisterait aux critiques de
ses adversaires »? et comment nous expliquerions-nous que des hommes tels que l'ancien
et illustre évêque de Mayence, M͏ʳ de Ketteler, en Allemagne, que le cardinal Manning,
en Angleterre, que le cardinal Gibbons, en A-
mérique, que M. Decurtins, plus près de vous,
en Suisse, et tant d'autres encore, — parmi
lesquels vous entendez bien que c'est avec
intention que je ne nomme aucun Français,
— oui, comment nous expliquerions-nous
que de tels hommes, qui n'étaient sans doute

d'une définition du plus cynique des barons allemands, — c'est
d'Holbach que je veux dire, — nous enseigne qu'en toute occasion « l'intérêt du producteur » est une assez sûre garantie
de sa « moralité ».

animés ni d'aucune ambihiton personnelle, ni
d'aucun intérêt temporel, aient pris comme à
tâche et tenu à honneur de faire valoir quelques-unes au moins de ces revendications?
« Supprimer tous les moyens de protection,
laisser l'homme avec toutes ses différences naturelles et sociales concourir chaque jour avec
tous ses semblables, est un vrai crime contre
l'humanité! » Ces paroles hardies sont de
l'évêque de Mayence; et celles-ci, non moins
hardies, non moins vraies, sont du cardinal
Manning. « Nous avons été étouffés par un
individualisme excessif, et le siècle prochain
fera voir que la société humaine est plus
grande et plus noble que tout ce qui est in-
dividuel. C'est cette doctrine qui est taxée de
socialisme par les esprits légers et pré-
somptueux.» Plus courageux que je n'oserais
l'être, il n'avait pas peur de ce que recouvrait
le mot, — notez que ces paroles sont datées
de 1890, — et sans doute il se flattait qu'il
en pourrait triompher! Mais comment l'aurait-
il pu, Messieurs, je veux dire comment s'en

serait-il flatté, s'il n'avait bien senti qu'autant qu'une révolte d'intérêts le socialisme, d'une manière générale, était un mouvement d'idées? L'existence toute seule du socialisme catholique suffit à nous montrer ce qu'il y a d'idéalisme au fond de tout socialisme; et que, ce qu'il est dans l'imagination des foules, même souffrantes, avant d'être une utopie réalisable sur terre, c'est une aspiration vers un idéal qui remplace pour elles celui que leur ont jadis enlevé nos libres-penseurs (1).

Voulez-vous maintenant que je vous le définisse, cet idéal, — ou plutôt, car je m'oublie et je n'ai pas tant de prétention que de vouloir le définir, — voulez-vous que j'en dégage deux ou trois points seulement? Nos socialistes croient donc, avec le cardinal Manning, vous venez de l'entendre, que leur grand ennemi

(1) La conclusion de ce développement est sans doute assez claire : on ne triomphera du « socialisme » qu'en lui opposant un idéal moral supérieur à celui qui fait présentement sa force, et à cet égard, la première chose à faire est de consentir à voir en lui quelque chose de plus qu'une revolte d'intérêts.

c'est l'individualisme; et l'individualisme, vous
le savez, c'est le culte de soi, c'est l'égoïsme,
ce sont les ressources et les moyens de la ci-
vilisation détournés de l'usage de la com-
munauté pour n'être plus que les serviteurs
de nos instincts ou de nos appétits, de nos ca-
prices ou de nos fantaisies (1). Mais donner
à l'individu un autre objet ou une autre fin
que lui-même; vouloir le replacer dans la société pour en faire l'ouvrier d'une œuvre qui
le dépasse; assigner à son activité des effets ou
un but dont il ne jouira pas, est-ce bien là du
socialisme? n'est-ce pas plutôt déjà de la mo-

(1) On proteste énergiquement contre cet essai de définition de l'*Individualisme*, et l'on prétend creuser entre lui
et l'*Égoïsme* je ne sais quel profond ou plutôt quel infran-
chissable abîme. Mais je doute qu'on y réussisse et j'en ai
donné quelques-unes des raisons dans mon *Évolution de la
Poésie Lyrique*, T. I. Dès que l'individu ne peut compter
que sur lui-même, et n'a d'autres armes dans « la lutte pour
la vie » que sa force ou son intelligence, il en arrive promp-
tement et nécessairement à se faire « le centre » du monde.
Quelques différences que l'on puisse donc théoriquement établir entre l'*Égoïsme* et l'*Individualisme*, elles ne tardent
pas à s'effacer dans la pratique ou dans l'exercice de la vie,
si je puis ainsi dire; et c'est ce que l'on a vu plusieurs fois
dans l'histoire.

rale? et n'est-ce pas surtout le premier pas
vers l'idéal? C'en est un second que de ne pas
vouloir admettre que les sociétés humaines,
dans leur développement, soient asservies à
des lois fatales, à des lois naturelles, à des lois
de fer et d'airain, dont aucun effort, aucune
bonne volonté ne puisse assouplir l'inflexible
rigidité. Oui, de même que l'homme n'existe
vraiment en tant qu'homme et ne se per-
fectionne qu'exactement dans la mesure où
il réussit à se libérer de la nature elle-même;
pareillement, l'objet de l'institution sociale
est de réparer les maux qui semblent résulter
de son fonctionnement, et de ne jamais consentir à les reconnaître comme irrémédiables.
*Sanabiles fecit nationes orbis terrarum!* Et je
ne sais pas si c'est du socialisme que de refuser
aux lois de l'économie politique ce caractère de
nécessité, que n'ont peut-être pas les lois elles-
mêmes de la physique ou de la chimie, mais
assurément c'est de l'idéalisme. Et n'en est-ce
pas encore, Messieurs, au premier chef et par
définition, que de croire que la vie nous a

été donnée pour autre chose que pour l'entretenir? Il n'y aura jamais trop de vérité ni trop de justice dans le monde. Et si c'est là ce que pensent les meilleurs d'entre les socialistes, c'est une des raisons pour lesquelles nous ne leur refuserons pas le nom d'Idéalistes.

D'essayer après cela de dire au profit de qui s'opère, de quelle politique, de quelle morale ou de quelle religion, cette rénovation de l'idéalisme dont je viens d'essayer de vous montrer quelques-uns des effets, dans toutes les directions de la pensée et de l'action contemporaines, c'est le secret de l'avenir; et, Messieurs, vous me permettrez de ne pas me donner à ce propos le ridicule de prophétiser. « Le mouvement du monde, a écrit quelque part Ernest Renan, est la résultante du parallélogramme de deux forces, — je ne sais si vous goûtez beaucoup cette métaphore! — le libéralisme d'une part, — il aurait mieux fait de dire l'individualisme, — et le socialisme de l'autre... le socialisme tenant compte avant

tout de la justice entendue d'une façon stricte
et du bonheur du grand nombre, souvent sa-
crifiés dans la réalité aux besoins de la civilisa-
tion et de l'État. » On pourrait dire également
que l'idéalisme et le naturalisme sont deux
tendances dont il convient tantôt d'encourager
l'une et de retenir l'autre, ou réciproquement.
Le naturalisme a ses dangers, mais l'idéalisme
a aussi les siens, jusque dans l'art même,
dans la littérature ou dans la musique, et nous
ne saurions, en vérité, ni d'une part permettre
à l'art de ne se proposer d'autre fin que lui-
même, ni d'autre part consentir qu'il se subordonne entièrement à l'utile. Nous ne saurions
méconnaître la grandeur de la science, mais
nous ne saurions admettre non plus qu'elle se
fasse l'arbitre de la vie humaine. Qu'est-ce à
dire, Messieurs, sinon qu'il y a des temps
d'être idéaliste? et des temps d'être naturaliste? et cette conclusion est prudente, mais
je crains qu'elle ne vous paraisse un peu
bien *opportuniste* (1).

(1) Voilà un bon exemple encore de ce que peuvent

Pour en corriger le mauvais effet, je m'empresse donc d'ajouter que le temps est maintenant d'être idéaliste, et, de toutes les manières, dans toutes les directions, de réagir contre ce que nous avons tous, pour ainsi parler, de naturalisme dans le sang. Quelle que soit en effet l'heureuse multiplicité des symptômes que j'ai voulu vous signaler, ce ne sont là toutefois que des lueurs, et nous n'avons pas à craindre que de longtemps encore elles embrasent l'horizon. Récitons donc ensemble le beau sonnet du vieux poète :

> Si notre vie est moins qu'une journée
> En l'éternel ; si l'an qui fait le tour
> Chasse nos jours sans espoir de retour ;
> Si périssable est toute chose née ;
>
> Que songes-tu, mon âme emprisonnée ?
> Pourquoi te plaît l'obscur de notre jour,
> Si, pour voler en un plus clair séjour,
> Tu as au dos l'aile bien empennée !

devenir les mots quand on les abandonne à leur fortune et qu'on les laisse comme accaparer, chemin faisant, par des partis qui les dénaturent.

Là est le bien que tout esprit désire
Là, le repos où tout le monde aspire,
Là est l'amour, là le plaisir encore !

Là, ô mon âme, au plus haut ciel guidée,
Tu y pourras reconnaître l'idée
De la beauté qu'en ce monde j'adore !

Non, Messieurs, nous n'avons rien à craindre de ces sentiments. S'il se contient dans ces limites, l'idéalisme n'a rien que de sain. Soyons donc idéalistes ! Soyons-le, vous l'avez vu, dans notre intérêt même, si nous ne pouvons nous défendre des dangers qui nous menacent qu'en opposant à des idées des idées plus nobles et plus hautes. Soyons-le, dans l'intérêt de la littérature et de l'art, qui ne seraient simplement que des *métiers*, — et j'ajoute des *métiers inutiles*, des occupations de mandarins, — si l'objet n'en était pas de pénétrer tous les jours plus profondément dans la connaissance de la nature et de l'humanité. Et enfin, soyons-le, dans l'intérêt de la science elle-même ou de la vérité, dont les progrès seraient bien insignifiants, je veux dire de bien peu de prix, s'ils ne tendaient qu'au perfectionnement de la vie matérielle, et dont les applications utilitaires nous auraient ramenés bien vite à une barbarie raisonnée, bien plus insupportable, bien plus horrible, et bien plus désespérée que l'ancienne (1).

(1) On m'a dit : « Mais cette conclusion n'est-elle pas encore bien vague et bien flottante? » et je n'en disconviens pas. Je ne puis pas « conclure » au delà de ce que je pense; et j'avoue que, pour le moment, je ne saurais rien dire de plus, ni surtout de plus affirmatif. Aussi bien celui-là ne serait-il pas un grand impertinent qui, dans un pareil sujet, se flatterait, je ne dis pas d'avoir atteint la vérité, mais d'avoir seulement bien saisi sa propre pensée? Il y faut du temps, il y faut de la réflexion; il y faut donc aussi des tâtonnemens, plus d'une reprise; et en ne concluant pas d'une manière plus ferme, c'est la possibilité de ces reprises et de ces tâtonnemens que j'ai voulu me réserver. Mais, en ce cas, pourquoi parler, me dira-t-on peut-être? Je réponds très simplement : parce qu'au milieu de ces obscurités je crois avoir discerné deux ou trois points dont je suis sûr; parce que nous ne pouvons savoir ce que valent nos idées qu'en les précisant pour nous-mêmes, par la parole ou par la plume; et enfin parce qu'on n'arrive à voir un peu plus clair en de certaines questions qu'avec le secours des lumières, — et des contradictions des autres.

Typographie Firmin-Didot et Cⁱᵉ. — Mesnil (Eure).

# BIBLIOTHÈQUE NATIONALE

CHÂTEAU
de
SABLÉ

# 1991

www.ingramcontent.com/pod-product-compliance
Lightning Source LLC
Chambersburg PA
CBHW060606100426
42744CB00008B/1334